中国农业大学“双一流”文化传承创新图书出版基金项目

师恩如山

纪念中国农业大学恢复招生四十周年

中国农业大学党委宣传部
中国农业大学党委教师工作部 编

中国农业大学出版社
CHINA AGRICULTURAL UNIVERSITY PRESS

内 容 简 介

为纪念改革开放四十周年和中国农业大学恢复招生四十周年，进一步贯彻落实全国高校思想政治工作会议精神，中国农业大学举办“师恩如山”主题征文活动。本次征文活动以跨越四十年的中国农业大学师生情谊为主线，以学子的视角描写师生之间令人感动、难以忘怀和备感温暖的教育场景、教育细节，讲述师德故事，共筑中国农业大学精神，为新时代中国农业大学推进“双一流”建设进程、落实立德树人的根本任务和培养社会主义建设者和接班人凝聚力量。本书从校友和在校生的近一百二十篇投稿中，精心挑选出三十四篇作品，编辑成册，以飨读者。

图书在版编目(CIP)数据

师恩如山：纪念中国农业大学恢复招生四十周年 / 中国农业大学党委宣传部，中国农业大学党委教师工作部编. —北京：中国农业大学出版社，2019.5

ISBN 978-7-5655-2203-1

Ⅰ.①师… Ⅱ.①中…②中 Ⅲ.①中国农业大学-纪念文集 Ⅳ.①G649.281-53

中国版本图书馆 CIP 数据核字(2019)第 079940 号

书　　名 师恩如山——纪念中国农业大学恢复招生四十周年

作　　者 中国农业大学党委宣传部　中国农业大学党委教师工作部　编

策划编辑 张　程　　**责任编辑** 石　华

封面设计 王海强

出版发行 中国农业大学出版社

社　　址 北京市海淀区学清路甲 38 号　　**邮政编码** 100083

电　　话 发行部 010-62733489,1190　　读者服务部 010-62732336

编辑部 010-62732617,2618　　出　版　部 010-62733440

网　　址 http://www.caupress.cn　　**E-mail** cbsszs@cau.edu.cn

经　　销 新华书店

印　　刷 涿州市星河印刷有限公司

版　　次 2019 年 6 月第 1 版　2019 年 6 月第 1 次印刷

规　　格 787×1 092　16 开本　10 印张　160 千字

定　　价 68.00 元

前 言

四十年前，中国共产党做出实行“改革开放”的历史性决策。四十年前，中国普通高等学校招生全国统一考试（以下简称“高考”）招生恢复，标志着中国教育史上新纪元的开启。中国农业大学就是在这一历史背景下，结束了近十年辗转多地、颠沛流离的办学历程，恢复了招生，在新时期重新焕发出生机与活力。

四十年来，中国共产党引领人民从开启新时期到跨入新世纪，从站上新起点到进入新时代。在这一伟大进程中，中国农业大学的师生砥砺奋进，为推进农业现代化输送了大批高素质人才，为国家发展做出了重要贡献。这得益于有一大批教师始终在平凡的岗位上默默耕耘，以深厚的学问传播知识、传播思想、传播真理，以高尚的师德塑造灵魂、塑造生命、塑造新人。

为纪念改革开放四十周年，中国农业大学恢复招生四十周年，进一步贯彻落实全国高校思想政治工作会精神，2018 年，中国农业大学党委宣传部和党委教师工作部牵头举办了“师恩如山”主题征文活动，以跨越四十年的中国农业大学师生情谊为主线，以学子的视角描写师生之间令人感动、难以忘怀和备感温暖的教育场景、教育细节，讲述师德故事，共筑中国农业大学精神，为新时代中国农业大学推进“双一流”建设进程、落实立德树人的根本任务和培养社会主义建设者和接班人凝聚力量。

“师恩如山”征文活动共收到校友和在校师生近一百二十篇投稿。作者之中，有的已年近古稀，有的已成为行业的骨干中坚，有的毕业后又回到校园，以教师的身份登上讲台，还有的仍在这座师生共同的家园中学习成长。不论年龄职业、生活背景，即使跨越了四十年，他们的笔下仍然流淌着一种共同的情意——对老师无私奉献的深深感恩，并以此形成激励人生的奋斗力量，这或许就是对教育做出的一种精彩注解。

受篇幅所限，编委会从近一百二十篇稿件中选出三十四篇较为典型的作品，编辑成册，以飨读者。本书得以付梓，得到了中国农业大学校友会、校团委等的大力支持，在此特别表示感谢。此外，在征文活动和图书编写过程中，中国农业大学挚友社潘怡、朱哲慧、孙铭浩、梁姝昕、何子佳、江慷敏、唐艺殊、刘丰瑞、马泽林、李昌昊、李灏淼、时学锋等，党委宣传部挂职研究生助管李崇，党委教师工作部挂职研究生助管姚宇晨、顾顺帆也贡献了他们的智慧和辛劳，在此一并感谢。

书中难免有不当或错漏之处，还请读者朋友们批评指正！

编委会

2018 年 12 月

目 录

桃李争春绿满园　唯有师恩留心间
——怀念恩师裘维蕃先生

阎文昭[①]

1982年2月底，我乘坐重庆至北京的190次列车、怀揣着北京农业大学硕士研究生录取通知书走进了位于北京西郊马连洼的北京农业大学，师从中国植物病理学著名教授裘维蕃先生，专攻植物病毒学的研究。三年之后，获得了硕士研究生学位，在恩师的鼓励下，又继续报考了北京农业大学植物病毒学博士研究生，直至1988年毕业获得博士研究生学位回到四川省工作，我在北京农业大学连续学习六年，度过了人生最美好的一段时光。如今我已过退休年龄，回忆起当年在北京农业大学求学的时光不禁唏嘘。值此之际，我把当年导师教我怎样做科研的经历分享给大家。

1982级硕士生刚刚入校时，学校正值“文化大革命”后的搬迁恢复期，教学与师生的生活刚刚走向正规，学校的发展还处于百废待兴的局面。当时学校行政大楼依然挂着中国空间技术研究院的牌子，校领导与学校行政部门只得在旁边搭个简易的平房办公，图书馆位于办公大楼后面的二层小楼里，学生宿舍楼也暂时只有部队腾出来的两栋，1982级500余名硕士生（每间六人）大部分都住在刚腾出来的三号宿舍楼。因为教师宿舍还没有全部腾清，植物保护系大楼的教室

---

① 阎文昭，北京农业大学植物保护系1981级硕士研究生，北京农业大学植物保护系1984级博士研究生。在校期间参加导师裘维蕃教授“七五”国家重点科技项目“植物抗病毒诱导剂的研究”，该项目成果获得1990年部级科技进步一等奖和1991年国家自然科学三等奖。1988—2016年就职于四川省农业科学院。

里打着木质隔板，这样每间教室里就可以住进好几位老师和他（她）们的家属。那时走进位于操场东北部的植物保护系植物病毒温室区内，一排实验室房子里空空荡荡的，只有刚刚建成的玻璃温室里栽种着一盆盆试验用的植物苗子。

我的硕士研究生与博士研究生导师裘维蕃是北京农业大学的著名植物病理学教授、中国科学院学部委员（院士），担任中国植物病理学会理事长，后来又先后担任中国科协副主席、全国人大常委会教科文卫委员会副主任等职务。他是中国食用菌分类与栽培研究的先驱、中国植物病理学的突出贡献专家以及中国植物病毒学的奠基人之一。他治学严谨，热心培养晚辈学生，善于运用理论知识去解决众多的生产问题。硕士研究生一年级第二学期，我开始进入植物保护系植物病毒实验室工作，之后我与导师裘维蕃教授的接触就越来越多了，在他的言传身教下，我一步步学会怎样做科研。

在我刚进植物病毒实验室的时候，他就对我说："研究病毒必须先认识病毒，不但要了解病毒，还要熟悉作物病毒病害症状"。植物病毒是分子病原，肉眼看不见，在十几万倍的电子显微镜下才能观察到病毒颗粒。因此，田间识别病毒，病害相对困难，通过外观症状识别病毒、病害需要长时间经验的积累。当时他正在主持国家"六五"重点科技计划项目，开展对小麦、蔬菜与花卉病毒病的防治研究，他让实验室老师带领我们去京郊各地麦田、菜地、花圃调查田间病毒、病害发生的症状，通过病株与叶片上的特有症状来识别病毒、病害，通过在指示植物上摩擦、接种与虫媒传播来观察病毒传染方式并初步鉴定病毒种类，通过多次田间调查与现场观摩实习，让我很快就掌握了识别植物病毒主要症状的方法。

裘先生经常教导我们："工欲善其事，必先利其器。要想深入研究病毒病害，先进的实验手段与科学的实验方法尤为重要，为此我们省吃俭用也必须装备一套先进的植物病毒研究设备，引进和建立一套植物病毒实验检测鉴定方法"。入校后，北京农业大学各院系的科研条件逐渐得到改善，国家投资兴建的学校中心实验室大楼竣工建成。学校利用国家担保的世界银行专项贷款购买的大型仪器设备包括病毒研究必须要用的高速离心机、超速离心机、电子显微镜和核酸蛋白自动分析系统也逐步安装到位并投入使用，就这样植物病毒实验室和病毒检测温室得以完全恢复重建。裘先生主持的国家"六五"重点科技计划项目经费逐步到位之后，根据自己的课题研究需求，我们在裘先生指导下为植物病毒实验室采购安装了显微镜、解剖镜、匀浆机、小型冷冻离心机、超净工作台、分光光度计、紫外分析仪、电泳仪、各式电泳槽等多台设备以及各类试验化学试剂，实验室很快就再也不是空空荡荡的了。

1982—1983年，为学习和掌握最先进的植物病毒研究方法，我受裘先生委派，先后去由西北农业大学园艺学院病毒实验室魏宁生教授举办，德国女病毒学家Konig教授授课的植物病毒血清学试验技术培训班学习一周；中国农业科学院蔬菜研究所与国际马铃薯中心驻京办事处联合举办的，国际马铃薯中心病毒专家L. Salazar教授授课的马铃薯检测技术培训班学习一周以及到中国科学院微生物所田波院士的植物病毒实验室工作了一个月，重点学习马铃薯类病毒核酸电泳鉴定方法。在出外培训与学习的同时，在裘先生与实验室其他老师的指导下，植物病毒实验室先后建立了植物病毒指示植物鉴定方法、病毒分离纯化方法、病毒核酸蛋白定量检测方法、病毒血清学鉴定方法、病毒颗粒电子显微镜观察方法、植物类病毒电泳分离鉴定方法以及植物同工酶电泳分析方法，这些方法的建立为北京农业大学之后开展我国农作物病毒病害的普查和深入研究奠定了基础，我也从中学习与掌握了植物病毒学研究的理论与技术，为独立开展植物病毒学的研究打下了基础。

裘先生在工作中经常提醒和要求我们研究生要阅读大量的外文期刊，特别是各研究领域的综述报告，要站在巨人的肩上，掌握最新的国内外研究动态。在攻读硕士期间，裘先生就亲自给我们上过高级植物病理学课程，与本科生的按照教材与讲课大纲进行授课的方式不同，这其实是一门读书课。导师会指定一些原文著作和最新综述文章让大家读，然后提出一些问题让大家来讨论，最后导师再做一点小结。每周一次的读书课既学习了专业英语，又学习了专业知识，这种方式使大家接触了最新的植物病理学概念与最新研究成果，不断拓宽了大家的研究思路。这样的课程生动活泼，具有启发性，也促进了大家多读外国文献资料并交流学习体会。记得有一次大家讨论抗病基因的问题，普遍认为发掘作物的抗病基因应用于作物抗病育种是最重要的防病手段，那时我就提出既然作物及品种资源的抗性不同，可能与是否具有抗病基因相关，那么作物感病程度不一，与是否是有感病基因也相关呢？能否像克隆抗病基因那样克隆与删减感病基因从而达到控制病害发生的目的呢？当时大家比较关注抗病基因及克隆，我的问题引起了大家对

感病基因的讨论与关注①

高级植物病理学课程结束之后，在裘先生的支持下，我们全体植物病毒研究室的不同年级的硕士研究生、博士研究生开始举办每周一次的 Seminar，也就是由学生自己定题目、查资料、做学术演讲与答辩，这样的学术报告完全对外开放，其他院系的老师同学感兴趣的也来参加，每次一两个小时经常言犹未尽，整个场面学术气氛非常浓厚。记得美国一个实验室 1984 年首次完成烟草花叶病毒外壳蛋白基因的克隆与体外转化实验（烟草转基因实验），裘先生把这篇实验的英文文献交给我，我就以此为题做了一次 Seminar 报告。当时以为这篇文章不过是人工模拟的植物病毒的交叉保护作用，没有想到在此基础上植物转基因研究一发不可收拾成就了转基因育种的一个巨大产业。一年下来，同学们做的 Seminar 报告已经有十余个了，我们几个高年级的硕士研究生就把报告文献的翻译稿以及撰写的综述报告打印装订成册，编辑成《植物病毒学论文综述集》分发给大家以及兄弟单位②。

在开展硕士研究生论文的初期，裘先生为我选定了植物病毒侵染过程中应激酶变化趋势方面的内容，这个领域涉及植物病害生理学。这是国内当时尚未开展的研究领域，几乎没有相关的中文文献资料，他要求我阅读与植物病毒侵染机理与植物病生理学的外文文献，他说如果你读了 100 篇以上的相关文献，就知道怎样确定研究目标和设计实验了。就这样我躲进学校的图书馆甚至还去了中国科技情报所的图书馆，翻阅和复印了几十篇文献资料，文字笔记与文摘做了几十页，从而选定了硕士论文的研究题目与实验方法。当我在 Siminar 上完成了硕士论文开题报告，裘先生与到场的老师同学们认真听取了我的报告，并给我提出许多的宝贵意见，最终裘先生肯定了我的实验方案，别提我有多高兴了。

从 1983 年夏季起，在进行硕士研究生论文研究的最后三个学期（包含两个作物生长与最佳实验季节），全部中心工作就是完成实验、整理数据与写出硕士研究生论文。根据导师的要求，全部实验工作必须由我独立完成，就连洗试验器

---

① 近年来，通过基因编辑技术使致病关键因子的基因不表达，已成功获得抗白粉病小麦品种就是对我当年问题的最好回答。

② 先后编辑翻译了三集（搬家数次，我至今还保留着当年的油印论文集），其中，第一集第一篇文章就是我翻译的《烟草花叶病毒外壳蛋白基因的克隆与体外转化》。

皿、给实验材料浇水都不能请工人帮忙，开始有点手忙脚乱，随后按照轻重缓急、合理安排时间进行实验材料栽种、病毒纯化接种、观察发病时间，及时采集样品、冷冻研磨样品、纯化样品蛋白、蛋白定量测试、蛋白电泳分离、酶活性检测等，每隔几天采一批样，再一次轮回，直到过氧化物酶活性的数据逐渐显现有所差异的趋势。那段时间每天下午与晚上是实验工作的最佳时间，一般在上午把购买试剂、报销单据、查阅资料、听取报告以及系上活动等杂事进行处理，在下午与晚上则安心完成试验，一般晚上 10：00 回寝室休息。实验初步结果出来后，我会及时向裘先生汇报，他也会及时指出我应该补充完善的部分，提醒我要注意实验样品的群体要大，要注意随机重复，选好空白对照材料，以保证实验数据的准确性与可重复性。

在他的悉心指导下，我终于按照预定计划完成硕士研究生论文的研究，并撰写好硕士论文《TMV 侵染不同抗性番茄品种之后引起的过氧化物酶活性及同工酶的变化》。随后，裘先生要求我再用英语写出研究论文并投稿到《植物病理学学报》上。1984 年年底的一天，裘先生主持了我的硕士论文答辩，在论文答辩时他请来了本校曾士迈先生、阎龙飞先生、中国科学院微生物所田波先生和莽克强先生作为我的答辩委员（曾士迈先生、阎龙飞先生和田波先生先后当选为中国科学院院士与中国工程院院士，加上裘先生，我的硕士答辩委员会里竟然有四位院士），并要求我用英语报告我的论文，这是我第一次用英文做报告。为了做好答辩准备，我把英语论文背得滚瓜溜熟，又把主要试验数据与图片用反转片拍下来做成幻灯片，仔细翻阅、复习我的开题报告与文献笔记，准备着答辩委员可能提出的各种问题。整个答辩较为顺利，英语报告完，每个答辩委员们用中文问了一两个问题，我也用中文进行了回答，也就算过了关。若答辩委员们用英文问问题，我再用英文回答就不知有多狼狈了。

1985 年，《植物病理学报》第四期开篇用英语正文、中文摘要的形式发表了我的研究论文 “Changes of Peroxdase Activity and Isoperoxidases in Tomato Plants of Different Resistance Infected by Tobacco Mosaic Virus（TMV）”，这是《植物病理学报》创刊以来，首次发表的英文论文啊！

1985 年初硕士研究生毕业以后，很多同学找到了自己的工作，也有不少同学纷纷联系国外实验室出国留学。当时，我的导师裘先生也获得了招收博士研究生的资格。与他见面时，他鼓励我继续在校攻读博士研究生，经过学校组织的统一博士研究生招生考试，于 1985 年 3 月，我又开始了三年攻读植物病理学博士研究生的学生生涯。

当时裘先生正在主持农业部下达的防治烟草与番茄病毒病的课题，那时各地农作物病毒病害发生普遍，可生产上除了无性繁殖作物可进行脱毒种薯种苗之外，没有更多的防治办法。但他受到中草药治病原理的启发：既然无法找到抑制病毒增殖的药物，能否通过施用外源物质来提高植物对病毒的抗性从而控制病害呢？因此，他提出了“通过改变植物的生理状态，诱导植物产生一种能够减轻病毒病致病性的反应，以提高植物的耐病性和抗病性”的新观念。基于这一理论，他领导实验室老师与学生在北京师范大学化学系的协助下，从多种无毒有机物质中找到了一种能在植物体外抑制多种植物病毒的植物油。但这种植物油不能被植物吸收，为此，他们将这种植物油进行各种脂肪酸的组分分离，用单一组分或不同组分的脂肪酸混合物逐一测试其植物的内吸性和对烟草、番茄病毒如 TMV 的增抗性，最后得到了可以提高植物对病毒耐受力的制剂 NS-83（又称 83 增抗剂）。这种增抗剂各地使用后，烤烟上花叶病症状明显减轻，平均增产 10%～15%，其质量可以提高两级，对番茄病毒病也有显著抑制作用，1983 年国内的这项研究通过了成果鉴定，国家科学技术委员会（现为科学技术部）把 83 增抗剂定为国家级推广项目。我的博士研究课题就是对这种诱导性病毒抗性制剂的抗性诱导机制进行病理生理学研究，进一步论证其诱导植物抗病性的机理。后来我参与的这项研究成果 1990 年和 1991 年先后获得国家教委科技进步一等奖与国家自然科学三等奖。

通过两年多硕士研究生论文与三年多博士研究生论文的撰写与研究，在导师裘维蕃教授的悉心指导下，我系统学习了植物病毒学的研究方法。从选题、查阅资料开始，独立设计实验方案，开展实验研究，最终通过实验数据整理，完成了论文撰写与答辩。通过言传身教，导师教我如何进行科学研究，这不仅是教我如何进行科研，也是教我如何做人。博士研究生毕业后，我进入四川省农业科学院工作，也先后从事过马铃薯、甘薯、烟草、草莓等作物的植物病毒检测与病毒病防治方面的工作。在工作中，我表现得驾轻就熟，独当一面，想来这都是导师的教诲与培养的功劳。

学而不厌　诲人不倦　以身作则　为人师表
——记我的恩师曾士迈院士

马占鸿[①]

初见恩师

1992年，我有幸从宁夏大学农学院（原宁夏农学院）考入了北京农业大学植物保护学院植物病理学系，成为曾士迈先生和肖悦岩老师的硕士研究生。当年4月份面试的时候，因肖老师出差，由曾先生负责我和同年考取曾先生和赵美琦老师硕士研究生的李保华学友的面试工作，这也是我第一次见曾先生。曾先生平易近人、和蔼可亲的形象顿时打消了我们的顾虑，紧张的心态也平静了许多。从理论到实际，从专业知识到外语水平面面俱到，曾先生看问题有深度、有广度，充分展现了一位植物病理学大家的功底。由于比较放松，所以我们能回答上的问题就正常发挥，不懂的问题也敢实事求是地回答，而且曾先生还会给我们启发和提示。

① 马占鸿，男，1964年7月生，宁夏海原县人。1992年考入北京农业大学植物保护学院植物病理学系攻读硕士、博士研究生。在校期间先后担任植保学院研究生会主席、团支部书记，并被评为校级“优秀学生干部”。现为中国农业大学植物保护学院教授、博士研究生导师，主要从事植物病害流行学和宏观植物病理学教学、科研工作。

细心指导

硕士研究生入学后，在肖悦岩老师指导下完成学业和硕士研究生论文的研究工作，但曾先生也常常过问我们的学习生活，经常与组里同学一起参加 Seminar。我的硕士研究生的论文题目是《小麦慢锈品种组织学与流行学抗性组分的相关性研究》，也是曾先生主持的国家自然科学基金项目的主要内容之一。在硕士论文完成后，曾先生就我的论文提了很好的意见和建议，并给予反复认真地修改。因博士研究生的名额有限，1994 年我提前攻读了裘维蕃院士的博士研究生，从事玉米矮花叶病传播流行规律的研究工作。由于研究仍然涉及流行学方面的知识，从撰写论文开始到结束以及毕业答辩，始终得到曾先生的指导。在我的博士研究生毕业论文答辩时，曾先生还担任了答辩委员。

为人师表

生活中的曾先生，学而不厌，诲人不倦，以身作则，为人师表。“活到老学到老做到老”，先生是这样说，也是这样做的。记得我刚到农大的时候，那时候计算机都还用 DOS 系统，做病害流行模型编程用的是 BASIC 语言，曾先生已经掌握了 PASICL、FORTRAN 语言，随着计算机从 DOS 进入 Windows 3.0、Windows 95、Windows 98、Windows 2000、Windows XP，曾先生自学了 C++、Delphi，真是令我敬佩。平时交往中的曾先生平易近人，令我们年轻弟子们在他面前无拘无束、敢说敢笑；曾先生的严肃认真又使我们在学习和工作中不敢有半点马虎。在做研究生期间，我就知道曾先生是计算机编程的“高手”。

我永远不能忘记与曾先生交往中，他常常对我做人、做事、做学问的一些告诫，在这里摘抄一些供大家共享。比如，曾先生常常告诫我们“老老实实做人，踏踏实实做事”；曾先生对兴趣的看法是：“兴趣是一个人在无内、外界压力条件下力求认识某种事物和从事某项活动的心理倾向。”一个人对某一事物或活动感兴趣往往伴随着对该事物或活动的热爱、迷恋、专注以至激烈地追求等态度和情感，而且这些态度和情感是自然的、发自内心的。反之，要一个人去从事他不感兴趣的活动，往往要给予某种刺激（奖励或惩罚）作为动力，活动本身不能成为动力，所以，兴趣是活动的最好动力。一个人对某一事物或活动感兴趣，那么在与该事物或活动有关的活动中，精力高度专注，能自觉地排除干扰。而且遇到困难好像不需付出太多的意志努力就能克服。因此，感兴趣的事情往往让人感觉轻松和快乐，一个人甚至自愿地在自己感兴趣的事情上付出辛苦的劳动乃至献身。“好学的习惯是最好的习惯，对学习的兴趣是最重要的兴趣，自学的能力是最根本的能力”。关于学习，曾先生则是这样教导我们的：“不论个人，还是人类社会，要发展，就必须不断学习和研究，向书本学，向前人学，向实际学，理论联系实际地学”等等，虽然这些不是语录，但在我看来胜似语录，它永远将成为我人生道路上的座右铭。

师恩难忘

1999年我从中国农业科学院博士后出站之际，合作导师周广和老师决定让我留在中国农业科学院植物保护研究所工作。但突然有一天，周老师对我说曾先生对他说，“让小马到农大来吧”。能够得到曾先生的厚爱，令我十分感动，也给了我更大的发展空间和机遇。

来到中国农业大学后，作为组里的青年教师和曾先生的助手，处处得到曾先生的关心和指导。曾先生鼓励我到美国做访问学者、加强与国际同行间的交流，曾先生还推举我担任中国植物病理学会青年委员会主任一职。这给了我与国内青年植病同行结识和交流的机会。而且曾先生逐步引导我承担起流行学方向研究生和本科生课程的教学工作。先生年事已高，身体不太好，但为了让年轻的学生也能领略到中国农业大学大师级教授的风采，我所承担的植物病害流行学和宏观植物病理学课程每次上课前都请曾先生讲第一堂课，曾先生也每次都答应。每年的田间条锈病实验，曾先生都要过问，而且一有机会，还要到田间亲自察看。这些着实令我很感动。特别是每次上课，曾先生诙谐幽默的讲课风格和真知灼见、掷地有声的讲授内容，令人难忘。只要先生开了头，学生的学习兴趣大增，我讲起来也就轻松多了。用很多学生的话说："听曾先生一席话，胜读十年书。我们要像曾先生那样去学习、去做人做事。"对自己而言，受益最大的当属曾先生把我由一名副教授培养成长为教授。记得在2004年年底我竞聘教授岗位的当天，因为曾先生也是评委之一，出于保密原因，评审会后曾先生并未告诉我最终的结果。直到结果公布后，曾先生才在家里对我说，"由于名额有限，竞争激烈，我真替你捏一把汗，但投票结果出来说你通过多数票后，我长长舒了一口气，心里的一块石头放下了"。曾先生的老伴张树榛教授也在一直为我操心，给我鼓励。当时听到这些我眼含热泪、感动不已，才知道两位先生为我的事操了不少心，把我个人的事当他们自己的事一样上心。第二天上班后，我又收到曾先生的E-mail贺信，更让我被先生的一片苦心所感动。曾先生在信里是这样写的"占鸿同志：衷心祝贺！并作赠言：戒骄戒躁，任重道远；精益求精，有志竟成。"回家后，我将此事告诉了同是曾先生弟子的我的夫人赵桢梅博士。我们全家对先生的关心和厚爱深表感激，终生难忘。令我们感动的并不是我当上了教授，而是曾先生的全力关心和帮助。我们默默地谨记先生的话，决心用行动作为对先生的回报。

曾先生执教四十多年，桃李满天下。在众多师兄弟姐妹中，我是接触曾先生时间较长、也是受益最多的弟子之一，深感荣幸。我有幸1992—2014年，二十几年跟随曾先生，不仅学到了丰富的专业知识，更是领略了曾先生为人处事的高尚风格。2014年12月31日，曾先生永远离开了我们，但先生一生为人淡泊宁静、唯重信义、治学严谨、求实务实、能博众长、推陈出新、待人谦和、平易近人的人格魅力永远铭刻在我们心里，也是我们众弟子的宝贵精神财富。听过他的报告或与他交谈过的人，都受益匪浅，能成为曾先生的弟子也是我们植病流行实验室每位师兄弟姐妹最引以为傲的。值此学校征集"师恩如山"征文活动之际，对曾先生的思念、感激难以言表，我谨代表植病流行组全体弟子，祝曾先生在天堂安息。先生的教诲，我们将永远铭记在心、落实在行动上。

恩师如山

——缅怀导师吴仲贤教授

张　劳[①]

1978年的北京农业大学恢复研究生招生，我考入北京农业大学首届研究生班。那年全校只有二十多位教授招收研究生，学校从全国录取了三十二名研究生。我所在的畜牧系只有动物遗传育种专业、动物营养专业和动物繁殖专业的三位教授招收了七名研究生，我和另外四位同学张沅、干高雄、张文灿和杨达有幸师从吴仲贤教授。

我与恩师吴仲贤教授相遇是在1963年，北京农业大学畜牧系二年级的生物统计学是由吴先生主讲。生物统计学是北京农业大学率先在全国农业院校开设的，这与吴先生的办学理念和倡导是分不开的。由于历史的原因，北京农业大学在“文化大革命”期间曾从北京搬迁到陕北，后来学校从陕北回迁时，没有回到北京原校址，而是到了河北涿县（现为涿州市）。由于学校搬迁的损失，加上“十年浩劫”所留的后遗症，教学条件极端困难，第一届研究生就在那里开始了学习生活，但没有人叫苦、叫累。因为多数同学是1965届、1966届、1967届和1968届大学毕业生，有十年左右在基层或农村的工作经历，都有感于深造的紧迫性。许多同学已为人父母，为了三年研究生学习，都能克服远离家人的困难，刻苦学习和进行科学研究。虽然当时学校的教学条件恢复尚需时日，但是学校的教师队伍没有被打散、拖垮。老师们在专业方面急起直追，他们想把“文化大革

① 张劳，北京农业大学畜牧系1978级硕士研究生。

命”十年里损失的时间夺回来的愿望十分强烈。吴仲贤教授当时已66岁，深感时间紧迫，正是为了要尽快缩小我国动物遗传育种专业10年的差距，弥补学术队伍的断层，抓紧培养高层次的接班人，他在第一届招收了包括我在内的5名研究生。

吴先生强调动物遗传育种专业的同学在学业上要有坚实的基础，尤其是数学基础，要懂微积分。因此，我们的必修课有高等数学、概率论及数理统计、自然辩证法、英语等课程。专业课由导师亲授数量遗传学。我们有幸最早使用吴先生的专著《统计遗传学》作为研究生教材，这是当时最新的教材。该书是我国数量遗传学史上第一部专著，也是该科学发展史上的一个里程碑。

《统计遗传学》的编写始于1956年，直至1966年写成初稿，这是吴先生近十年勤奋研究的结晶。但它的问世却多有不顺。先是在“文化大革命”中文稿丢失，后经本人追忆，同事帮助，另外他又做了新的补充，才重新完成。到了1977年，出版又被搁置，多亏邓小平总理的帮助，得以及时由科学出版社出版。1978年，我国研究生制度恢复，该书成为研究生数量遗传学课的教材，使该领域水平得以直接与国际接轨。国外的同行专家对吴先生的《统计遗传学》给予了很高的评价。我们很喜欢听吴先生的课，他的教学方式也极富特色、与众不同，他先讲基础理论部分，然后安排我们五名研究生每人讲一个专题，通常是一章的内容。我们要先自学、理解，查资料，写讲稿、备课，然后讲课。每人讲完，其他同学提问并讨论。吴先生对每位同学所讲的内容都要讲评，并补充一些遗漏的内容。这种教学方法充分发挥了每一名研究生的积极性，使我们有机会吸取吴先生讲课的精髓。他对自己的课程教学准备总是十分认真，其娴熟的程度使他可以不看讲稿。听了他的课会从内心深深地感受到他的学术造诣之高，特别是基础学科方面的功底十分深厚，治学态度的严谨更是潜移默化地感染我们每一名研究生。他讲课时双目传神、思维敏捷又不失风趣，而且主要的概念吴先生必用英语表述，那时他的英语功底在教师中无人可比。我曾经听说过，他在大学时曾把学校的几十本英文小说通读了一遍，有些章节甚至会背诵。吴先生用英语写了一本名为 *An Idyll of Golden Valley* 的小说出版，还被翻译成中文《金谷恋歌》出版。在讲课时，吴先生不时地插入一些人文的知识，引经据典，出口成章，可见他的知识之渊博。

回顾吴先生求学的经历，他要求自己文理兼优，这与我国著名科学家钱学森后来倡导的“大成智慧学”（Science of Wisdom in Cyberspace）吻合。“大成智慧”的精髓是教育、引导人们如何陶冶高尚的品德和情操，尽快获得聪明才智与创新能力的学问。

20 世纪 30 年代吴先生在爱丁堡大学获得哲学博士学位后进入剑桥大学，他感到一种浓厚的学习和学术研究的氛围。吴先生曾说过，他在剑桥认识了许多名人以及正在形成的巨人。他的导师（R. G. W. Norrish）那时是一位刚升教授的人，他们几乎天天见面，三十年后，导师获得了诺贝尔奖。

吴先生一直认为不懂化学的生物学家是一个残疾人。生物学家需要读懂含有微积分和苯环符号论文的人才。在剑桥大学，他在导师的指点下完善了他的不足后。“在文科、理科两方面都有建树”这是他的恩师吴宓对他的赞扬。当时正值“七七事变”之后，第二次世界大战爆发的前夕，他回到了昆明。

吴仲贤教授认为人们受高等教育是为了求得知识和智慧，知识比较容易求得，而智慧则难以学到。智慧的精髓是判断力，智慧的标志是判断力的表现。我们深受启迪。

在硕士研究生学习的三年中，我们不断地感受到导师的人格魅力。他为了确定我们的研究方向，为了深入学习，开阔我们的视野，不断地为我们提供机会并亲自给予指导。我们先后到黑龙江、吉林、辽宁、湖北、上海等省市的一些研究所、种鸡场进行调研；我们也拜访了遗传育种界的专家、教授，了解种鸡场育种的实际情况和问题。

吴先生一直强调要用动物遗传育种理论指导我国畜禽育种工作，并安排我到位于北京市昌平区的北京市种鸡场，在原种场参加北京白鸡三系的选育工作，加入当时他主持的科研项目“畜禽遗传规律的研究”。随后，我又参加了“北京白鸡纯系和配套系育成”课题的一小部分。后来这两个课题分别获得农业部科技进步一等奖和北京市科技进步一等奖。

吴先生培养学生的方式比较开放，他不拘泥于把学生留在自己身边，如有机会，他毫不迟疑地把自己的学生送到更好的学习环境中去培养。他认为学生应该有国际视野，他亲自为我们第一届五名学生和以后的学生写推荐信，使我们先后有机会到美国、德国、加拿大和英国家等国家留学深造，为提高学术水平打下了坚实的基础。

为祝贺进入21世纪，89岁时，吴先生为祖国进行了学术献礼，即杂种遗传力研究成功，提出杂种优势预测的新方法；92岁时，吴先生在*Journal of Agricultural Biotechnology*和*Acta Genetica Sinica*发表《关于杂交育种和纯系育种理论统一》的论文；93岁时，吴先生获得中国畜牧兽医学会“终生成就奖”。吴先生为我国动物遗传育种事业的发展做出了杰出贡献。他坚信中国科学家能够在本土做出科学创新。

尽管年逾九旬吴先生还多次应邀为学生们讲话。他在校园网上与年轻学子交流，联系自己的治学和个人经历给学生以启迪，其影响远超出校园。作为一位老教育家，尽职尽责，难能可贵。吴先生做到了学无止境，事业常青藤。

2007年吴先生与我们春节聚会时，还用英语给我们猜谜，没想到这是最后一次聚会。他以96岁高龄谢世。在改革开放四十年之际，仅写此文深表怀念。吴仲贤教授是我们的导师，也是我们终生的楷模。

师　　恩
——记我的导师吴常信院士

姜运良①

记得在一次聚会上，我的一个学友为导师吴常信先生唱了一首《父亲》，感动地我落了泪，接着我为导师唱了一首《长大后我就成了你》，尽管唱得不好，却仍得到了先生的鼓励，并暗示我要努力工作，争取成为报效国家的人才。自1997年到中国农业大学跟随吴先生攻读博士研究生至今已有二十一年，吴先生在教学、科研、为人处世等方面都对我产生了极大的影响，他是我工作和生活中的榜样。如今，工作在山东农业大学的我在仰望泰山的时候，情不自禁地想起了吴先生对我的教诲，先生对我的恩情如泰山一样厚重。

首先，在学术方面，吴先生鼓励我们独立思考，从不画圈圈框住我们的思维。比如，在遗传学性状的分类方面，有数量性状、质量性状和阈性状，其表型的分布分别为连续、间断和间断的，遗传基础分别为多基因、单基因和多基因。先生问我们有没有性状的表型是连续分布、遗传基础是单基因或少数基因（主效基因）的呢？以此启发我们要善于思考。又比如，同样是矮小性状，为什么鸡有矮小基因，而小型猪、矮马没有找出来呢？这种方式给人启迪，引人深思。

在博士研究生培养的选题阶段，吴先生出了几个题目让我依据自己的兴趣和工作基础选，而不是硬性指定，说明先生在这方面也是很民主的。给我印象最深的是先生在参加学术讨论会的时候，总是坐在前面聚精会神地听，基本上都是第

---

① 姜运良，中国农业大学1997级博士研究生，现就职于山东农业大学动物科技学院。

一个提问，让我们这些弟子们自愧不如。当先生做报告的时候，他会抛出一个问题让大家回答，比如，在南京召开的第十九届全国动物遗传育种学术讨论会上，他提出选择是否有极限的问题，引发了与会者广泛热烈的讨论以及对数量性状遗传机制的深入认识。有一次在山东省家禽研究所举办的鸡育种工作会议上，先生点名让我回答有关羽色性状的选育的问题，这让我加深了对家禽育种中质量性状选择的认识。与先生讨论学术问题的时候，我们都敢于讲出自己的观点，没有什么顾虑，因为这也是先生所一直倡导的。先生的这种要求师生在学术面前人人平等的思想深深地影响着我。现在在培养研究生的时候，我也一直秉承这种学术平等的思想，让学生自由地思考，要敢于挑战老师，挑战权威。在学术面前，先生十分谦虚，在和先生交谈的时候，他先说自己在分子方面不懂，让我把这方面的内容讲给他，直到清楚为止。这种刨根问底的精神也是现在很多人所缺少的，我们应该向先生学习。

其次，在教学方面，吴先生讲课和做报告思路清晰，声音清脆，不紧不慢，神情自若，让我羡慕不已。先生讲授的比较育种学内容丰富，对于不同的畜种采用哪种育种方法更有效，讲解得十分清楚，我从中学到了很多。先生在开题报告、期中考核、预答辩、答辩等环节均给了我很多具体的指导，让我受益匪浅。记得在开题报告环节，由于我准备得不够充分，花了很多的时间介绍别人的工作，以至于到后来都没有时间讲如何开展自己的工作了。先生这样说，“姜老师，好比你讲课是不分重点地都讲，还是着重讲解难点呢？”我恍然大悟。先生教导我们在讲课和做报告的时候要认真准备PPT，要条理清楚，讲的时候要理清思路，要考虑听众的需求和认知能力，要尽可能用通俗的语言把深奥的问题讲清楚。对于上讲台、做报告紧张的问题，先生说你好好准备课件，把内容吃透，这样就有了信心，自然就不紧张了。他说根本在于你自己是否真的弄懂了，是否是这个领域真正的专家。我们的目标就是要成为这个领域真正的专家。大家听你的报告是向你学习的，你把知识和工作进展讲出来，大家听懂了就算任务完成了。先生的这些教学理念，我也教给我现在团队的老师和同学们，大家的讲课和做报告水平也逐渐都有了提高。

最后，在为人处世方面，吴先生从不说教，而是身体力行。和先生打交道的人都能感受到先生待人热情，虚怀若谷，与先生交谈如沐春风。先生十分敬重他的老师吴仲贤先生，称赞他为中国的数量遗传学事业做出的杰出贡献。先生对我们这些弟子们十分宽容，从未听到先生对谁发脾气，也从未听到先生说谁的不好。在先生的眼里人人都是善良的，人与人之间有不同也是正常的，应该宽待他人。先生的一言一行深深地感染了我们，在待人接物方面我们都以先生为榜样，弘扬正能量，努力成为一名高尚的人。博士研究毕业十八年了，虽然我不能时时在他身边聆听教诲，但是在开国内、国际会议的时候也时常有机会和先生交流，因此感觉仍像从前一样。

除了在工作方面关心指导我们这些弟子之外，吴先生也十分关心我们的生活。记得读博士研究生的第一学期，我的儿子在泰安出生了。先生准假让我提前几天回去照顾即将生孩子的太太。等儿子顺利降生后，我就回中国农业大学准备期末考试了，忘记了向先生汇报，先生嗔怪我这么大的事情怎么还不告诉他，可见先生对我们的后代多么地关心。后来有一次先生来泰安参加同学聚会，我带着儿子去宾馆看望先生，先生特别高兴。先生在生活中是一位宽厚、仁慈的长者，在先生面前，我们这些弟子们感觉无拘无束，十分自在，有什么想法都愿意和先生交流。

师恩难忘，师恩如山。父母给了我健康的身体，而先生给了我智慧，他是我人生路上的引路人。先生教会了我从事教学、科研和服务社会的方法，也教会了我们如何做一个高尚的人。吾爱吾师，先生是我们众弟子们的偶像和学习的榜样。

严　是　爱

——感恩我的导师周一鸣

刘贤喜[①]

人生而为石，欲有所器，必经琢磨。学如刻刀，而师为执刀者。师严，而顽石可成美玉；师惰，而美玉亦成顽石。有感于此，遂作此文，以颂师恩。

余尝于山东农大任教，后有志于学，欲赴中国农业大学深造，而学校不许，遂扣余一岁薪资。余以分文之身入京，归于恩师周一鸣。周师不以余清贫而废教，余亦不以拮据而废学。师常资余以度日，余亦勤学以报师。每思至此，未尝不清泪沾襟。

周师谨于学而慎于行，敏于思而严于教，举校皆知。初，有同窗问余曰："刘兄读博，欲从何师?"余答曰："其周师!"同窗皆忧而劝曰："其严矣！兄若从之不辍，谨顺善学，必成美器!"周师尝谓余曰："君子志于学，逢难而不辍，遇苦而弥坚！以白首之心，成青云之志。"

余从周师学三年，自觉小成，欲毕业，然周师不许，余曰："此去山东农大，可提副教授。"周师怒而斥曰："学问不精，难为一纸之凭。"余愧而退之，遂延期半年。

周师严于学，而宽于生活。常于周末，携诸弟子雅集会于颐和园之中，泛舟

---

① 刘贤喜，中国农业大学计网中心计算机应用研究所机械设计及理论专业 1995 级硕士研究生，师从陈忠良教授；中国农业大学工学院车辆工程专业 1998 级博士研究生，导师周一鸣教授。现就职于山东农业大学机电学院，教授、博士生导师。

游于昆明湖之上。传道于榻前，解惑于饭后。夙夜忧徒，至怀至切，颇有先贤遗风。周师七十大寿，诸弟子聚而贺之，追及往事，皆叹曰：“微周师，吾等皆顽石也!”

自南辞周师，时已廿年有余矣。今吾已年逾知非，而师年届耄耋。盛年易谢，须臾难留，弹指韶华，于俯仰之间耳；岁月流转，半世人生，旧事侵怀，念往昔之美焉。年少峥嵘，不明世事蹉跎；阅尽人间，方知恩师深意。师恩如山，假师而知天之高；师恩似海，从师方晓地之厚。木立千仞，非茎之长，所假绝巅也；蓬生竹深，非草挺也，所攀直竹也。冬烘若木，师举而崇；陋儒如蓬，师扶而直。

谢谢您对我的信任！
——致我的恩师李德发院士

刘玉兰①

看着我的学生们在答辩台上自信满满地讲述自己三年来所做的研究工作，沉着、冷静地回答答辩专家的提问，我深感欣慰！经过三年时间的培养和打磨，我的学生们变得如此得出色！一位学生在致谢时，深情地说："……感谢我的导师刘玉兰教授对我的信任！虽然在研究中，我经常犯错，但是您仍然选择相信我，相信我有能力做好科研！正是您的信任，建立了我的自信心，让我坚持走到了今天！……"我百感交集，眼泪差点夺眶而出！思绪飘到了遥远的学生时代，飘回到那段难忘的岁月！我，想起了您——我亲爱的博士研究生导师——李德发教授！

2000 年 7 月，青春年少的我经过激烈的竞争，终于有幸成为中国农业大学动物营养与饲料科学专业的一名博士研究生，成为您的学生。当我踏进向往已久的中国农业大学，望着雄伟的科研大楼和中试车间，见到崇拜已久的您和团队老师们，结识来自全国各地才华横溢的师兄弟姐妹，我倍感自豪，同时也深感压力！我，表面上阳光快乐，貌似自信，实则内心深处极度缺乏自信。

2000 年的下学期，您确定了我的博士研究课题"早期断奶仔猪营养素调控

① 刘玉兰，女，中国农业大学动物科学技术学院动物营养与饲料科学专业 2000 级博士研究生，现就职于武汉轻工大学，教授，从事动物营养与饲料科学的教学科研工作，国家优秀青年基金获得者、国家"万人计划"领军人才、国家百千万人才工程人选、享受国务院政府特殊津贴人员、科技部中青年科技创新领军人才、教育部新世纪优秀人才等。

免疫机理的研究”。该课题来自国家自然科学基金重点项目，它是营养学与免疫学的交叉，是个偏基础的研究课题。但免疫学的基础知识，我知之甚少，我们实验室这方面的研究工作也很少。勤能补拙，笨鸟先飞，中国农业大学这个开放的平台确实给了我很多学习的机会。在您的建议下，我找来免疫学课程学习，阅读大量文献资料，到动物医学院杨汉春教授实验室去学习细胞培养技术，到生物学院夏国良教授实验室学习生理学的实验技术……

在开题报告中，我采用了当时动物营养学领域还应用不多的动物病理模型，体外细胞模型，免疫学和生物物理学的一些研究技术和手段。然而，由于免疫学和生物物理学的基础薄弱，我对自己的研究内容、研究方法和手段理解得不够深入，因此，开题时，我自信心和底气明显不足，没有把自己想做的研究系统地讲明白。几位老师的提问，彻底把我问懵了。可想而知，开题我一败涂地。第二次开题时，虽然我又做了大量精心的准备，然而在前次失败的阴影影响下，面对老师们提出的新的问题，我依然以失败而告终。两次失败的开题经历，使我产生了严重的自卑感和挫败感。我是不是不适合做科研？为什么别的同学在第一次开题时，就能游刃有余，而我却一败涂地？第二次开题时，我对自己的实验设计很有信心，为什么面对老师们的提问，我就立刻败下阵来？

我以为您当时对我差强人意的表现会很失望或很无奈。未曾想到，开题结束后不久，您对我说：“你的课题是一个新的研究领域。虽然你讲得不好，很多地方没有讲明白，但是我知道你看的文献资料很多，也到好几个实验室学习过，我相信你是我们中间对这方面懂得最多的！你先按照你的思路去做吧……”我难以置信地看着您，您平时对学生要求非常严格，未曾想到，您却给了我最大的宽容和信任！

然而，好事多磨，事与愿违！正式开展研究的时候，却在最基本的第一步——免疫细胞培养上卡住了。这是个常规的实验技术，我前两次跟着学长们做都成功。然而，从我独立开始实验的第一次开始，在细胞培养几个小时后，细胞就开始聚集成团，形状各异。我安慰自己：“第二次、第三次，我肯定能成功!”然而，在随后的两个月多里，我咨询了多位老师，排除了各种可能性，换了多种试剂，甚至换了实验室和培养箱，请师兄、师姐们盯着我做实验，反复十多次，同样的问题却如梦魇一般重现。时间一晃一个学期快过去了，我的研究却毫无进展，而经费如流水一般地花掉了。巨大的压力让我喘不过气来，再次怀疑我是否适合从事科研工作，怀疑我是否能坚持下去，怀疑我是否能顺利毕业。由于实验总不顺利，我最怕见到您，生怕您问我实验进展。有一天，我实在躲不过去了，向您坦白了我目前的困境。您说，要不你把实验停一停，休息一下，清空一下头脑，再想想究竟哪个地方出了问题。那天我向您请了两天假，回到了武汉的家，顺手翻看了一本有关特洛伊战争的小说。晚上我梦见了美丽的女神海伦，梦见了特洛伊古战场，梦见了战士手中的矛和盾。突然，盾牌变成了无数个细胞。梦醒时分，突然想到我实验失败的可能原因。原来为了获取更多的细胞，我一直采集多头猪的血液，将不同猪的细胞混在一起培养，这可能是细胞集结成团，形状奇怪的原因。回到学校，我立刻调整了实验方案。从此，细胞培养一路顺利，很快就完成了我的细胞实验部分。一年的时间，我就完成了博士论文的所有研究工作。

2002 年 10 月，美国 USDA 的营养和生理学教授 Dr. Carroll 来访问。在听 Dr. Carroll 的报告时，我发现我的研究思路与他的思路不谋而合。您对 Dr. Carroll 说，我的学生很了解你的研究，她和你交流吧。我和 Dr. Carroll 讨论了我目前取得的研究成果及下一步的研究计划，Dr. Carroll 对我的研究工作很感兴趣，并主动提出帮助我修改 SCI 论文。这时，您向我投来赞许和鼓励的目光！自此，两年来，因开题和研究工作不顺利所带来的自卑感和挫败感一扫而光，我获得了满满的成就感！后来，当我的师弟、师妹做这个领域的研究工作时，您指着我对他（她）们说："她了解得最多，你们让她帮忙看看研究方案吧。"

2003 年 6 月，我顺利毕业拿到博士研究生学位，成为一名教师。我问您，我能否延续我博士期间的研究方向继续做下去。您说，当然，你对这个领域最了解，你一定能在这个领域做好，一定坚持做下去！未曾想到，我真的在这个研究领域坚持下来，且一坚持就是十八年。

每当开国内外学术研讨会的时候，在同行专家面前，您总会把我介绍给行业的专家。您对他（她）们说这是我的优秀学生，目前拿了多少个国家级项目，是什么国家级人才，很出色。感谢您如此看重我、信任我，从不担心我会让您失望！

李老师，多年之后，当我提到以前这些事时，您已经完全忘记。但是这些事情却深深地铭刻在我的心里，终生难忘，且直接影响了我对学生的培养。我对我的学生，虽然严格要求，但是却给予学生足够的宽容和信任，相信他们，给他们自由探索的空间……

热烈的掌声将我的思绪拉回到现实，我的学生在答辩组老师和同学们的掌声中走向我，深情地说："刘老师，谢谢您对我的信任……"我百感交集，唯有拍拍她的肩膀："祝贺你！你是我想象中的学生最好的样子！"李老师，此时此刻，我多么希望您就在我的面前！我想深情地对您说："李老师，谢谢您对我的信任……"

生命中关键的一把
——记我的导师张福锁院士

庞　欣[1]

相信很多人都玩过“算命”游戏，“贵人相助”通常是算命先生最爱说的一类好话。我理解的贵人就是那些雪中送炭的人，我的博士导师张福锁院士就是我生命中的贵人，在我最困难的时候，他拉了我一把，让我的生活从此变得简单而顺遂！

缘起

1995年母亲的“渐冻症”已逐渐发展至晚期，每天二十四小时不能离人，完全依靠年迈的父亲一人照顾已十分困难。为了送母亲最后一程，硕士研究生毕业时我选择回到西安。好在父亲所在的单位有人事权，父亲请单位人事处接收了我的派遣通知，终不至于会被陕西省教委派去某个县乡的土肥站。现在说起来似乎十分轻松，但当时的心情十分灰暗。一方面是为人儿女必须尽的责任，另一方面又是对未来的茫然、慌乱甚至无措。

毕业前夕，由于心情所致，感觉到处都像有一层薄薄的灰色。同学们都忙忙

① 庞欣，中国农业大学资环学院植物营养专业1996级博士研究生。1988年进入北京农业大学开始本科学习。现就职于中国空间技术研究院下属公司，从事空间生物的研究和产品开发工作。

碌碌，各奔前程，要么准备去心仪的单位工作，要么继续深造，只有我在对未来的彷徨中等待毕业。

在那灰色里，却有一丝闪闪发亮的记忆。离校前夕，张老师叫我去了他的办公室，以他一贯豪爽的语气安慰我回去好好照顾母亲，只要我愿意回到学校，考上博士研究生他就一定收我。张老师的这些话使当时混沌的心情总算有了一丝曙光。张老师的日常工作极其繁忙，那次交谈也十分匆忙。可能在张老师心中这不是什么大不了的事情，我只是他帮过的众多学生中的一员，但张老师简短的几句嘱咐却完全改变了我的人生轨迹，让我一下又找回了自己主宰命运的信心。

返乡

回到家就开始日复一日的生活，白天父亲在医院照顾母亲，我回家休息，做午、晚饭，晚上我在医院陪床。母亲当时已完全不能活动，只有眼睛还能转动，不能说话，但思路仍非常清晰。有些家里的事情，父亲是糊涂的，我征询她的意见，老太太还能通过眼珠的转动表达自己的想法。但正因为这样，她就更加痛苦，她自己是大夫，非常清楚自己的病程，但医学又完全无能为力。母亲知道自己余日不多，所以也非常赞同我考博士。晚上我就一边陪床，一边背英语单词。母亲当时完全不能吞咽已有半年之久，只能依靠营养液维持，已极度消瘦，需要经常翻身，否则，不仅会长褥疮，而且骨头硌着皮也会很疼。整个晚上，我就是帮老太太翻身，用热毛巾帮她擦身，她舒服了睡一会儿，趁着这会儿，我赶紧看会儿单词，做点阅读理解；然后再开始下一次翻身……

日子过得很劳累，但并不辛苦，甚至当时还有些窃喜。因为张老师的慷慨，使我的人生有机会过得圆满，既能给母亲养老送终，也没耽误未来的学习和生活，这是多少离乡游子渴望而不可求的好事情！

考试

1996 年的博士研究生考试在春暖花开时正常举行，我也回到学校。张老师为了让我能尽快了解植物营养学科的科研进展，还请他的秘书项老师把当时系里正在编写的《植物营养学进展》拿给我恶补。当年的考试情景基本都已经忘记，只记得英语题似乎不难。专业课我是不怕的，英语一直是我的弱项，所以简单的英语题让我大大地松了一口气。

但回到西安不久，成绩出来了，我的英语成绩不够统招线。这对我来说是个晴天霹雳，突然感觉前途十分黯淡。父亲的单位只同意我存放档案一段时间，但终究我得把档案取走。那个时候还不像现在去公司、自主创业是稀松平常的事情，在我的心中就只有考取博士研究生、去大学或研究所这一条路。没考上博士研究生对我简直无异于灭顶之灾。这种苦闷是无法向父亲述说的，母亲常年的病痛已拖累得父亲疲惫不堪；跟同学们联系，但比较好的朋友都在北京，那个时候打长途还是十分奢侈的事情，而且非常不方便，需要专门跑去电信局，而且那时同学们也才刚就业，也都在熟悉单位、熟悉业务的过程中，加上还有恋爱等各种烦恼，我也不好意思去打搅他们；母亲一生自立自强，万事不求人，晚年的疾病早已让她十分痛苦，如果让她知道我没有考上博士，那简直就是压倒骆驼的最后一根稻草。当我独自一人在家的时候，更感觉满室的凄清，对未来的迷惘，让我的眼泪不禁扑簌簌落了下来。

也许是痛苦的时间并不长，我现在对当时那种无助痛苦的印象已经很模糊了。很快在跟张老师的电话联系中，他爽朗地告诉了我一个好消息："我的英语成绩够自费的分数线"。他通过这个途径解决了我的升学问题，并让我安心照顾母亲，只等着我 9 月回学校上课。我的心情瞬间就云开雾散。

返校

母亲终究没有熬过病痛的折磨，在 7 月的一个闷热的午后，由于全身器官衰竭结束了她最后的痛苦。8 月底，我终于又回到了学校，开始了我的博士研究生课程的学习。这就是为什么我在中国农业大学学了十一年才毕业的原因。

现在回想起来，当时的我确实幼稚，甚至完全不懂人情世故。张老师从来没跟我提过自费的经费是从哪里出的？我个人是否需要承担？我心安理得地享受着这份与其他统招同学完全一样的待遇，当年却从来不曾对张老师表示过任何感谢，真是汗颜！

后来

张老师的帮助让我顺利地回到了学校，在那个读书就能改变命运的年代，我掌握了自己的命运。博士的课题是我十分喜欢的方向，虽然那时做实验很辛苦，但我却非常开心！基本上都是早晨 8：00 就到实验室，晚上科研楼锁门才回寝室，日子忙碌并快乐着。

中国农业大学研究生阶段的科研训练，对我后来的工作影响甚深。张老师发起的每周四晚上的 Seminar 让我学到了许多课堂上无法学到的东西。为了向全系的老师、同学们呈现最好的报告，需要经常去图书馆看大量的文献，使我的专业英语迅速从几乎每句话都有生词到熟练阅读。而且从那时开始我就养成了每周至少要浏览一次文献的习惯。直到今天，我仍然要花大量的时间阅读研发项目的文献，自己获得第一手资料，自己进行分析总结；我的性格有些内向，非常羞于表达。但 Seminar 的锻炼让我在外宾访问时也能侃侃而谈，毕业离开学校，开始工作后，流利的表达能力就变得更加重要。我把 Seminar 的习惯带到了现在的单位，希望我的研发人员也能从中受益，对他们的学习、工作有所帮助。

因为我的工作方向与所学专业不同，加上工作和生活忙碌，毕业后见到张老师的次数非常有限。二十几年过去了，我一直不敢忘记当年张老师在我最困难的时候拉我那一把，让我今天的生命如此美丽和轻松。今天，即便用火红的彩霞也无法书写对恩师的颂歌！即便用美丽的织锦仍无法描绘对恩师的崇敬！只能凝为泪光点点，化为工作中的勤奋努力，回报恩师的大爱！

迟来的师生缘十三年的严师结=科研之路的传承

——感恩我的导师倪汉文

张锦伟[①]

又是一年毕业季，母校应景地推出了这样一次以“师恩如山”为主题的征文活动。虽然近期既要忙于科研项目的结题验收，又是田间麦收实验如火如荼地开展。但在自己博士研究生毕业整整五年之际，我突然想借此机会说点什么，首先是对自己的导师，其次也算是对师从倪老师进入杂草科研之路以来的一个阶段性总结，因此，就有了以上的标题。

迟来的师生缘

2007年我从北京以外的一所名不见经传的农业类二本院校本科毕业，并参加了当年的中国农业大学的研究生考试。考试成绩一出来，略显尴尬——我的成绩高于中国农业大学的录取分数线，但低于报考专业的录取线。按照当时学校录取的政策状况，我只能先选择所报学院的专业内调剂。有的时候想，可能真的是应了那句话——只要你想做，总会有贵人来帮你。因此，我最终能进中国农业大

① 张锦伟，中国农业大学植物保护学院2010级博士研究生。

学进行硕士和博士阶段学习的第一位贵人出现了。他就是博士毕业于中国农业大学，目前任职于我本科学校的梁师兄。当时梁师兄恰好博士毕业去我本科的学校应聘。感谢当时系里的老师得知我的考研成绩后，为我们建立了联系。热心又积极向上的梁师兄针对我的考研成绩为我提供了多种调剂方案和目标实验室，印象非常深刻的是他为我提供的首选的调剂选择就是倪汉文教授领导的杂草科学实验室。梁师兄并不是倪老师课题组毕业的学生，但他仅凭在校期间了解的学生对倪老师的口碑与评价和其实验室毕业学生未来的工作发展趋向，便非常自信地为我推荐了倪老师。因此，抱着试一试的想法，我拨通了倪老师的办公电话。幸运的是，电话顺利接通了，但不幸的是，倪老师直截了当地告诉我当年在其实验室进行本科实习的两位本校毕业生全部考试成绩优秀并已锁定了两个硕士研究生名额。倪老师没有过多余的语言，只是告诉我不要浪费时间，赶紧去联系其他研究室。这是我跟倪老师通过座机电话的第一次联系。虽然有些许失落，但倪老师还是给我留下了干脆、利落的第一印象。

带着些许的失落，带着些许的未知，其实也带着从国内一所名不见经传的二本农业院校考取中国农业第一学府的些许的兴奋，我进入了和倪老师的杂草实验室同一个专业的隔壁的实验室开始了硕士研究生阶段的学习。虽然对硕士研究生所从事的研究内心有些疙疙瘩瘩，对未来也缺乏明晰的愿景，但当时还是抱着既来之，则安之的心态。既然选择了，就好好做。就这样，我度过了感觉非常充实的三年。硕士研究生毕业后，我经历了找工作的过程，但同时也做了参加博士研究生考试进一步深造的准备。而至于未来博士研究生的报考方向，结合自身情况，基本有了非常明确的目标——那就是曾经追求的倪汉文老师实验室。在攻读硕士学位期间，我和当年倪老师实验室的同届硕士同属于一个行政班级。因此，对他们实验室的研究方向以及倪老师的为人等各方面有了更近距离和直观的了解，并且在硕士研究生一年级进行基础课选课阶段，我还曾主动选过倪老师的课程。这些都坚定了我要考倪老师实验室的决心。幸运的是，剩下的故事没有再出现什么差池，参加学校当年的博士研究生统一考试以总成绩第一名的身份顺利进入了倪老师领导的杂草实验室，开始了与倪老师正式的延伸至今的师生缘。

三年的严师结

2010年8月下旬我正式进入倪老师的实验室，在这之前的暑假期间我曾因为自己的不成熟和一些自身未被教化的毛病，有过一段不愉快的经历。因而在精神上和物质上都是带着一种压力进入的实验室。进入实验室和倪老师的第一次正式谈话，依然没有太多的寒暄，倪老师只是提纲挈领地过问了我之前经历过风波的几个核心问题，没有任何责怪我的意思，但也没有任何的精神抚慰。但倪老师随后叫来实验室负责财务管理的师妹，叮嘱她每月在发放常规补贴的基础上给我额外增加一定的补贴金额。因为本身带着一些不太光彩的经历进入新实验室就已倍感歉意，倪老师的这一做法简直让我受宠若惊。因此，我向倪老师表达了不想给实验室添麻烦，也不想接受额外照顾的意思。然而不喜欢煽情的倪老师说出了令我永生难忘的一句话："既然招你们进来，就是打算跟带自己孩子一样带你们的！"我清楚地记得当时因为之前不愉快的经历而造成的如惊弓之鸟的心得到了春天暖阳般的抚慰，感觉这胜过了任何华丽的语言辞藻。无须赘言，果然如外界对倪老师的口碑和倪老师亲口所言的那样，之后的三年，我们在生活方面得到的帮助是家长般的！

在生活方面，倪老师对我们的照顾让我以为终于掉进了一个"蜜罐"，但之后的三年在科研方面，倪老师对我的"横眉冷对"，让我在内心形成了三年都难以解开的一个结——严师结。由于家庭背景、教育背景以及本想在博士研究生阶段如期毕业等各方面的原因，我给自己的压力比较大，倪老师好像也看出了这一点，因此，三年间我们在科研业务方面的交流与倪老师对我们生活的和风细雨完全不是一个脚本。非常清楚地记得当我的第一篇SCI论文成稿，略显兴奋地去找倪老师修改时的场景。本以为文稿数据量够大，分析也比较全面，语言也基本表达出了自己想要表达的意思，但我的文稿却被倪老师批评得体无完肤，几乎各个方面都不符合他的要求。带着十万个不情愿，我不得不面临文稿的整个框架结构要推倒重建的血淋淋的现实。根据第一次交锋讨论的结果，我很快又形成了文稿的第二版。因为怕英文不好，引起倪老师的误解，这次整个数据分析结果的说明全部使用的是中文。结果这次更惨，文稿被倪老师直接打回来，让我全部用英文写作，不许用中文，并且毫不客气地批评我文献阅读得太少，几乎不懂得该如何进行英文写作。这种灾难性的直面批评完全打击了我那原本盲目的自信心。在此之后，我暂时扔下了这篇文稿，从数据库下载、打印几十篇相关文献。在宿舍、在图书馆、在校园僻静的小树林里，甚至在出差做实验乘坐的火车上……总之，在哪里有可以阅读文献的地方就在哪里读。经过四五个月之后，在我们赴德国进行中德项目的年度总结汇报时，我才战战兢兢地拿出我的第三版文稿。结果在意料之中，依然没被倪老师肯定，依然要进行不知道何时才能被通过的下一轮修改。在德期间，项目年度汇报结束后，德方安排了一个对我们学生来说非常有趣的农业参观考察。这原本是我们非常高兴愉悦的阶段，但因为倪老师对我文稿的批评和发表时间的限制，那段时间我在参观考察点之间的大巴车上，在晚上入住的青年旅馆里都在硬着头皮修改文章。功夫不负有心人，文章在经过多次的修改后，终于顺利发表，但那段时间的煎熬也是我永生难忘的。

除了以上的这段经历，在业务方面，我所开展的另外一项机理性研究也一直不得倪老师的好评。那段时间的每周实验室的例行组会都是我感觉最难受的时刻。几乎每次汇报完得到的肯定评价都很少，大部分都是批评和让我备感压力的建议。不夸张地说，那段时间本来就不自信的我真的感觉自己有点一无是处，对自己充满了质疑。为什么倪老师批评的总是我？我难道真的做得这么差吗？甚至还曾偏激的拷问过自己是不是倪老师戴着有色眼镜看我？还好，庆幸每一段艰苦卓绝的经历都会有一个还算令人满意的结果。在经过无数次和倪老师关于该研究内容的正面和侧面“交锋”后，该研究内容也终于得到了专家们的认可，文章也得以顺利发表。但当时倪老师对我仅有的一句关于业务方面的肯定的话就是“你的第二篇文章就比第一篇文章进步多了！”

科研之路的传承

毫不客气地说，在杂草实验室的三年科研经历是灰暗而痛苦的，但正像那句可能被用的都略显俗套的诗句说的那样——“梅花香自苦寒来”。博士研究生毕业答辩的那天，在正式答辩之前，跟一位相熟的评委老师寒暄时得知，倪老师对我毕业已经拿到两三个不错的国内主流科研机构的 Offer 的结果非常自豪。直到今天想起那位评委老师跟我说起的那几句话，我都感觉非常的美好！为自己所曾取得的微不足道的成绩，更为能给倪老师带来的那些许的荣耀！虽然倪老师在科研上一直对我“横眉冷对”，但当我们取得相应成绩的时候，他真的比我们还高兴。

博士研究生毕业至今已整整五年，我分别以正式科研人员和博士后的身份已经辗转过两家国内主流的科研机构，不敢说取得了多大的科研成绩，但扪心自问，在每个阶段我都还算圆满地完成了所在岗位的科研任务，得到了领导和同事们比较积极的评价，并且在当前略显严峻的就业形势和自身年龄条件限制等条件下，提前解决了博士后出站后的工作去向问题。面对未来的工作去向，我选择的依然是科研机构，虽然感觉自己在科研方面不论是天赋，还是取得的成绩都不突出。但时至今日我认为这是倪老师多年以来的教育培养为我捋出了一条科研之路，我感恩于那些年倪老师在科研上对我毫不留情地批评教育。他教导我无论从事何种科研，都要贯彻正确的方法论。我也正沿着一条正确的科研之路行进！

博士研究生毕业之后，因为见面的机会少，倪老师对我的批评或者非积极的评价也越来越少。此外，同事中基本没有人再会主动指出我工作中的问题了。所以，我更加怀念被倪老师批评的那些岁月。每当我有了新的科研想法的时候都会尽量找机会和倪老师交流，希望倪老师能多给一些意见与建议，也更加珍惜倪老师的批评的声音！我想这就是科研的一种传承吧，我希望自己能继续努力，做好自己的本职科研，为自己，也为我尊敬的导师增添一抹光彩！

不忘初心　砥砺前行
——写给我 IPM 实验室老师：张青文　刘小侠　李贞

巫鹏翔[①]

韩愈在《师说》中说："师者，所以传道受业解惑也。"我的导师张青文教授则很好地诠释了这句话的含义，张老师不仅教授课业，指导科研，也会在生活中给予人生指点。"东西南北春常在，唯有师恩留心间"，无论是授课治学，还是待人做事，张老师和师母都给我们树立了学习的榜样。我们对张老师一家都十分敬重与钦佩。

2012 年，我考入中国农业大学农学与生物技术学院（现植物保护学院）昆虫系 IPM 实验室攻读硕士学位。进入实验室的第一次组会，张老师就给我树立了核心的科研观念：研究生现在面临着很大的压力，在有压力的情况下一定要专注于学习。张老师在开学第一课就教导我一定要沉下心来做科研。之后的耳濡目染，我也逐渐体会到好的导师一定是在大方向上给予意见，但具体工作的一定要学生自己去做，这样才能锻炼独立解决问题的能力。张老师经常教育我们要建立合理的知识结构，广泛涉猎不同学科的基本知识，深入了解专业领域的权威报

---

① 巫鹏翔，中国农业大学农学与生物技术学院（现植物保护学院）昆虫系 2012 级硕士研究生，师从张青文教授。硕士期间担任院研会生活部部长及学校档案与校史馆的档案管理助管。在校期间获得校级学业奖学金及院优秀毕业生。现于中国科学院动物研究所攻读博士研究生学位。

道。依稀记得在给我初定课题时，张老师所构造的知识结构让我折服。我最早定的课题是“蜂大脑的发育”，乍一听不知如何下手，经过张老师的层层解析，一个枯燥的课题顿时就变得非常有趣。首先，需要知道研究蜂大脑发育的目的，这是立定课题的根本，蜂类有别于其他昆虫的优势在于，能够通过大脑定位短时间内计算出蜂采蜜的最佳路径。其次，算其模式的效率远高于现有的计算机。因此，研究蜂大脑发育即探索其如何迅速定位目标，并以最快的方式找出最佳采蜜路径。张老师的这些剖析，让我豁然开朗。在对研究意义的讲解上体现了张老师的博学多闻，那时候张老师就能联想到这种定位系统在导航定位上的作用。张老师认为蜂这种定位模式是能够有助于卫星定位系统的发展以及未来无人驾驶汽车的可能性，利用精准的计算模式定位目的地，从而迅速地找到最佳的驱车路径。这种发散性思维的建立，帮助我在以后课题的创新上取得了突破。

定下课题后就要开展实验，而试验并不是一味地埋头苦干，过程中也需要对本学科的发展历程有一个认知，做一番横向和纵向的比较。这时，如果一个勤于努力的人想要飞得更高，导师的层次会起到很大的作用。张老师在 IPM 这个方向研究了几十年，是国内外公认的权威。他也经常邀请业内大牛来所里做报告，这都为我们提供了难得的学习机会。听完报告后，组内的老师、同学一起交流就显得尤为重要。硕士研究生期间和我交流最多的就是我的副导师刘小侠教授。

刘老师也是张老师的学生，我进组的时候恰逢刘老师从美国读完博士后归来，带来了很多先进的理念和技术，也将实验室重心由田间研究转向分子领域。尤其在梨小食心虫生物防治的研究上给予了我极大的启发，并为我之后“七星瓢虫断足再生”毕业课题提供了指导性意见。初上硕士研究生的时候，我的目标只是发表一篇中文期刊，但在评估实验成果之后，刘老师一直鼓励我要发表 SCI 期刊。刘老师说不要担心自己基础差而写不出来，有这种心态很自然，但不要因此否定自己的能力。直到现在还记得自己第一篇文章写出来以后，刘老师将我的词句、语法与格式通篇修改了七遍。这也让我十分敬仰导师们面对科研压力下的严谨态度，想到刘老师这么认真尽责地修改一只菜鸟的论文，内心唯有感激。

第一篇论文的写作、修改经历，为我之后的毕业论文写作奠定了基础与信心。论文起草阶段并不理想，最主要的原因就是专业知识储备太少。为了写好毕业论文，我开始大量阅读。起初看文献的时候，什么杂志都看，毫无头绪。当时在组里还是博士后的李贞老师为我推荐了一本专业的主流杂志并让我重点阅读。李老师认为一本杂志既然能成为专业的主流，必然是有了很多年的积累，读这类期刊能起到事半功倍的效果。而正凭借着这种高效的文献阅读能力及认真的学术科研态度，李老师很快晋升为实验室的副教授。此外，李老师也教导我要在文章组织和图表设计上严格把关，尽量靠近国际一流杂志的标准。好结果固然重要，但无法准确表达自己的结果也属于功亏一篑。科研人员不仅需要做出好的成果，还需有能力将其传播出去。李老师一直教导我，毕业论文不仅仅是一篇报告，更应该是一件完整的艺术品，这种思想鼓励着我用心打磨论文并最终获得了“优秀毕业生”的称号。感谢李老师对我良好学术习惯的培养，让我一直自信地在科研这条路上走下去。

光阴荏苒，岁月如梭，三年的硕士研究生时光转瞬即逝。回味在 IPM 实验室的这三年，我内心始终充满了尊敬与感激。感谢张老师对我正确科研观的树立和师母在生活上的照顾，感谢刘老师对我课题设计与论文写作的帮助，感谢李老师对我文献阅读及学术习惯的培养。IPM 实验室就像一个大家庭，老师们个个尽心出色，对学生，像家人一样爱护，教导我们如何做人、如何对待生活、如何去争取幸福、如何实现自己有价值的人生。当科研遇到瓶颈时，张老师会用自己的亲身经验教我学会团队协作，流程化处理事务，合理规划时间，做时间的管理者。当我在试验过程中发现难题太多，难以取得进展时，刘老师指导我在实验处理过程中要学会抓重点，要多交流，更要坚持。当我面对学术压力不知所措时，李老师鼓励我要自信豁达，大胆尝试，遵从自己内心去做选择。

这三年我最大的收获就是遇到了我一生尊敬的好导师，感谢自己的努力和上天的眷顾，让我有幸成为张老师的学生，进入 IPM 这个温暖的大家庭并得到了老师们的帮助。张老师从容的生活态度、创新的科研精神以及通透的人生智慧，都是我学习的榜样，特别是他这三年来对我的鼓励和督促，成为我在科研道路上不可或缺的宝贵财富。吾生有涯，而学海无涯，以有涯随无涯。中国农业大学的三年光阴引领我乘风破浪、继续扬帆起航，驶向科研生涯的下一个港湾。既然选择了远方，便只顾风雨兼程。回忆载着人远行，是一路航行的灯塔，在内心渲染出一片碧海蓝天。回忆写下一页页历史，写下辉煌，写下灿烂，写下那些年我在中国农业大学的青春。

譬如朝晖

——记我的老师夏朝晖

李园园①

大一升入大二不论在心理，还是在身份上都给我带来了不小的变化，我一下子从大一的小学妹变成大二的学姐，而且从东校区搬往西校区，算是离开父母长辈头一次正儿八经的搬家。然后，我们大二的专业课要学生物化学了。学长、学姐们口口相传的“生化物化，必有一挂”。但是这还不足以惊心动魄，最让人心惊胆战的是植物保护学院教生物化学的老师，据说多少年没有换过。每一届学生在她手里都“死去活来”“死灰复燃”，然后，他们又高高兴兴地拉着后来的学弟、学妹们传授经验。她就是人送外号“夏奶奶”的夏老师。我和多少不同学院的同学都因一句“你们生物化学是夏奶奶教啊”而结缘。

刚开学的那点兴奋劲儿在第一节生物化学课上便烟消云散。上课铃响后，进来一个挽着发髻的四五十岁的老师，她个子不高，戴着圆眼镜，一副不苟言笑的样子。上了这么多年的学，夏老师的气场一看就是不好惹的那种。但是后来我们所有人才懂，那可不仅是“不好惹”三个字而已。生物化学课上，不仅要好好听讲，期中考试，而且还有上课经常用答题器小测，课下在线测试，机房统一在线测试，口语表达测试。所有这些统统计入平时分。实验课也要经常进行笔试，完

① 李园园，中国农业大学植物保护学院植物保护专业2016级本科生，现任植保163班班长，曾加入志愿服务总队办公室和社团工作委员会办公室，积极参加学校活动，参与中国农业大学2017夏季科技夏令营志愿者项目，参加校级精准扶贫项目，小组获校三等奖。

成后要当面讨论思考题，实验报告详细得可以去科幻电影里做重要文件道具。以上这些，折磨得我们头晕眼花、头重脚轻，仿佛重回高三。普天之下需要这样学习生物化学的同学都成了我们亲切的战友。

夏老师出的口语测试题目一般是大的思考题或者是知识点的融会贯通，一次出 20 多道题目，每次测试随机抽两个，和她面对面讲一遍。我们没经历过这样的考验，疯狂地查资料、背诵，食堂打饭的时候听到侧身而过的两个女生讨论“所以水为什么是生命体的溶剂”啊，就觉得全中国农业大学都在生物化学口测的统治之下战栗。

比夏老师的测试更可怕的是她的批评教育，那真的是让你羞愧到颜面全无。如果有女孩子没有扎头发，穿着丝袜短裙来实验室做实验，她会眼睛一横，能说得你哭出来，我们都战战兢兢得像鹌鹑一样乖，不敢犯错。上课的时候也是这样，前几章的知识点没有想起来，也会说你没有好好复习，学习不认真都对不起父母辛苦地供你读书。但是，期中考试的成绩却被她撕成小纸条，单独发给我们。全班都在等她批评教育，她却只是轻描淡写地几句带过去了，什么考得好的同学不要骄傲，考得差的同学不要气馁，然后轻轻翻篇开始讲下一章，让成绩惨烈的我偷偷松了一口气，还有点感激。感激她那些不动声色地对我们每个人稚嫩自尊心的体贴。

夏老师对我们来说，不只是一位生物化学老师，还像是一位班主任。开学的前几节课，她让我们自己查资料，几个班轮流做诺贝尔奖的展示，还赠书给我们。夏老师看我们写实验报告引用的文献乱七八糟，先是推荐我们上文献检索的课程，然后，又让博士学姐过来亲自指导我们。有一次讲到脂肪代谢，她提醒女孩子不要盲目减肥。冬天班里生病的人多了，她就唠叨我们身体素质太差，还说这都是我们现在穿衣服太少而导致的生病。上传实验数据的群里，总看到她推送的各种各样植物科学的最新消息，当然还有最新的测试通知。夏老师就像是长辈，总是嫌弃我们年纪轻轻不够努力，仿佛嫌弃家里不成器的小辈，但是一边嫌弃着，又一边锻炼我们、照顾我们。

生物化学的实验室是夏老师非常得意的一处布置。窗明几净，每个操作台上都有专用夹实验指导的夹子，临时挂移液枪的钩子，洗试管专用的各种盆，还有护手霜。第一次实验课的时候，我们就听她提起：“……试管一定要洗干净，你们有的人都不怎么洗东西，嫌弃洗东西伤手就随便洗洗，那能用吗？你们不是怕伤手吗，我们实验组给你们准备了护手霜。所以，都给我好好洗！”仿佛我们是餐厅偷懒的帮工，然后，语气弱下来又补充了一句，“但是也不是什么大牌子护手霜。”我们做生化实验的时候没怎么用过护手霜，到了这学期做植物生理学实验，有同学清洗完试管后，手干得发疼，才想起来，要给自己准备护手霜了。

期末考试之前，夏老师在群里祝我们考试顺利，提醒我们记得在考试之前把三四个在线测试完成了，并且告诉我们口语测试照常进行，已经买票回家的同学也不用担心哦，可以提前找她测试，反正就是得测试。我们以为考试时间这么紧，口语测试就取消的美梦破灭得很干脆。

大二下学期，开始上其他的实验课，总是不自觉地用生物化学实验的标准要求自己，哪怕老师没这么要求，只是习惯了而已。一个个良好习惯的养成，一批批严谨的学生，严师可能并不承认我们算是高徒。但是她在我们心中，却是独一无二的。虽然大学里的很多老师都是佛系：没关系，都可以，不着急。但夏奶奶不一样，她是道系：好好学，认真做。不合格，她是真的会生气，会跟你发脾气，会着急，也会记得每一个人的名字，让你好好干。

夏老师叫夏朝晖，我觉得这个名字就和她很相称。她的言行，譬如朝晖，但绝不是那种暖洋洋的一团和煦，她是夏日清晨的曙光，当你酣梦醒来，已经是她的流火炎炎了，不热烈，却明亮，你只能在她的鞭策下，汗流浃背地往前奋进。

师恩如山　更如清风明月

——记我的老师王丽

卢　杉①

有的人像水，一眼望得到底；有的人像茶，相处越久，接触越多，回忆越多，感动越多。师恩如山，许多时候不需要什么轰轰烈烈、惊天动地，如此一年一年细水长流的付出，便足以震撼灵魂。

第一次见到她，说实话，真的没留下什么深刻印象。只是模糊记得是一位老太太，不怎么打扮，却没由来地看着面善。这就是第一节植物学理论课上，她给我的第一印象。她就是我的植物学老师——王丽老师。

我学的是园艺专业，我喜欢植物，植物学是我最喜欢的一门课。也不知是植物学让我喜欢上了王丽老师，还是王丽老师让我喜欢上了植物学。

王老师是个认真的人，讲课、实验、作业、测试都很认真。认真的人都很负责，但负责的人不一定严苛。王老师对待工作认真负责，对待我们却是亲切随和的。来到中国农业大学也快一年了，不知不觉已经见过了几十位老师，但只见过王丽老师一人，课间时候在教室里主动找学生聊学习。可千万不要小看了这种"聊天式"答疑的效果——那些知识、那些名词在书本上、在课件上是扁平的、是死板的，可是在聊天中说出来，就有了生活气息，就变得生动鲜活起来；鲜活的东西总是更吸引人，也就更容易让人记住——这就让人不由得渐渐佩服起王丽老师的教学方法老到。如果哪天哪位同学兴趣十足地去找王老师聊天，她就更高

---

① 卢杉，女，中国农业大学2017级园艺学院本科生，担任第三十六届挚友社编辑部部长。

兴了，来者不拒，你能看到她眼中闪烁的孩子般的认真的光芒，尽管她已经不再年轻，但我觉得她绝不算老迈。

学过植物学的人都知道，在这个不是文科胜似文科的学科中，要记忆的名词、概念多如牛毛，想要靠死记硬背，简直是对意志的极大考验。但植物学学得好的人也都知道，对于植物学，就要从生活中着眼，大部分的记忆都来自身边的形象记忆。我想王丽老师自然也是深谙此理的，不然，她应该不会在课上经常讲述自己早年的园艺经历，有些甚至算是糗事了。王丽老师的这些讲述让我们坐在课堂里也能感受到远方乡野的泥土香气以及花木意趣。

很幸运，我们班的实验课也是王丽老师带。“不厌其烦”，我找不到比这更合适的词来形容她对我们的态度。同样的问题，几乎全班每个同学都问过她，她仍然没有流露出一点点不耐烦，每一次的讲解都仔细而耐心。人不是机器，人厌倦重复。可是在这个万物求变的时代，王丽老师教授植物学几十年，同样的话重复了成千上万遍，直到今天，仍是如此认真，真是难能可贵。说付出，说师恩，对于王丽老师，我说再多都不为过。

王老师耐心，却并不是永远不发火。我没见过她对学生发火，却见过她对提前收拾实验材料的老师喊叫。王老师是善良的，她不忍心耽误我们的一点点时间。我是班里的学习委员，与老师们打交道的时候比其他同学稍稍多些，经常也免不了给老师跑腿，也因此发现了王丽老师的特别之处：她总是尽量采用最不占用时间的方式收发作业，为全班同学节约了时间，连学习委员们收发作业的时间也格外重视。我见过她亲自管理不跟班一起上课的转专业的一个同学的作业，她真的不怕麻烦。

实验课课后是我喜欢的时刻。因为课时有限，许多植物材料只能摆在边台让大家自行了解。但这不代表王老师不会讲它们——如果下课后我们有人愿意留下来给植物拍个照，王老师就会很有兴趣来给我们讲讲这些植物，感觉就像是课后的彩蛋，这比听课更有趣。这时候如果有人愿意向王老师提个问题，王老师简直是知无不言，言无不尽。在王丽老师这里，没有下班，着急回家这个选项，尽管是晚上 10：00 多，实验室里却还有昏昏欲睡的植物，还有好奇的我们和越讲越兴奋的王丽老师。

王丽老师是真的重视我们，爱我们的。考过好多次试了，王丽老师依然会在考前一遍遍提醒答疑时间、提醒考试时间。真正的爱是有原则的，她对我们的学习是提供无条件帮助的，但对于我们的考试成绩，我相信她是严肃谨慎的。

王老师说喜欢二月兰，我也喜欢。十字花科的好多植物身边都常见，都能吃，十字花科的二月兰也没由来地让人心生亲近之意。不似牡丹华贵，不似莲花疏离，不似梅花孤高，不似月季张扬，像我的老师，越平淡越真诚。

通常学习植物学，我认识了王丽老师，而王丽老师让我彻底爱上了植物学。跟着她学习，让我看到了植物世界的更多精彩，让我发现了自己的不足，让我产生了继续探索的渴望。我是个贪心的人，总是希望一下子收获很多。王老师却告诉我："先培养兴趣，以后慢慢再深入，会越学越有意思。"是的，慢慢地，平淡并认真地对待每一件事。时间到了，收获自然就有了。王老师带给我的就是这样一种哲理。

师恩如山，它是厚重的一种感动。但它带给我们的不是沉甸甸的压力，而是如清风，如霁月，如石上清泉，润物无声。所谓课程，所谓知识，这些是靠言传；为人处事的道理是靠身教，用心看老师怎么做，就足够了。

自小读书十余载，见过的老师少说也有上百了。其中认真负责、仁爱方正、又能和我脾气相投的实在是寥若晨星。晨星虽稀，却足以指明前路，能与之同行，真应当惜缘。王老师，您对我尽心尽力，我自会对您感激毕生。遇之，甚幸！

春风十里不如你

——记我的老师冯固

续　珍[①]

小时候，师生关系像猫和老鼠，一个紧紧地追着，一个无奈地跑着，学习形式是被动的；中学时候，师生关系像博弈的甲方和乙方，一个辛勤地传授着，一个认真地接受着，为了升学，学习形式变成了主动式；研究生期间，师生关系像佛教里的师徒，一个高深地坐镇，一个迷茫地参悟，是否能共同创新，一切随缘。

研究生期间，一个导师是一个课题组的引领者，上有博士后分担课题主力，下有本科生研究微小方向，对于老师而言，每个学生都形色各异，有的积极主动，动手能力强；有的思维活跃，自主想法多；有的沉稳安静，按部就班向前。他们都在摸索中前进，前进方式截然不同，但最终都想要顺利拿到一纸文凭，书写属于自己的科研故事，因此，导师必然劳心费神。

第一次看到"师恩如山"这个主题征文活动，我很自然地想到了我的博士研究生导师——对——就是他——同我父亲一样年龄的冯固老师。他属虎，却温和谦逊，洋溢在他脸上的是对学生的频频赞赏，长在心底的是对事情的认真负责，刻在骨子里的是对科学研究的执着热爱。对于科研，他为我们指点迷津的方式主要有以下几种。

---

① 续珍，1990年7月8日生，山西省忻州市五台县人，中国农业大学资源环境学院2013级植物营养学硕士研究生，2016级生态学专业博士研究生，2017年获博士研究生学业一等奖学金和校级三好学生称号。

第一，“专属”邮件。我们小组所有人都会定时收到老师的“专属”邮件，邮件内容或是自己研究方向的最新文献或是自己课题的相关会议，抑或是近期外院的相关学术报告。邮件的发送时间可能是凌晨，可能是夜半。导师的心思不觉间已然被各个学生分成了多份，而他总是乐此不疲。

第二，工作时间不定点地“来办公室”。如果是开题的试验设计阶段，那他找你多半是他有关于试验严谨性或创新性的想法要与你商讨；如果是试验进展的过程阶段，那他找你多是关心和体贴，询问试验过程是否顺利，是否有困难需要他排忧解难；如果是分析整理数据的总结阶段，那他找你多是凝练思维，提升研究高度的。总之，不论是每一次的单向教诲还是双向的激烈讨论，总能引起学生的强烈思考，有时徘徊犹疑，在摸索中前进；有时醍醐灌顶，豁然开朗。

第三，无时无刻地“洗脑式”教导。比如，对于读文献，“看文献要看顶级期刊”“看内容不能只停留在看图说话的阶段”“读懂大文章的 Supporting Information 才是你们能够获得灵感的关键”“用评判的眼光去审视他科学”“想做顶级科学必须站在巨人的肩膀上，因此，必须读最新的、顶级刊物的、一流课题组的研究成果”，诸如此类的唠叨式教诲不绝于耳；对于听报告更是谆谆教导，“眼界要宽，不能只盯着与自己课题相关的内容”“更有甚者，听完报告要做总结”，总之，对于学生的科研进展，没有他关心不到的，只有你想不到的。

对于生活，他教会我们更多。做事要从容冷静，要认真严谨，要有责任心，踏踏实实做好每一件小事，日积跬步功夫必然了得。此外，他还有细腻的一面，出差归来常带回各种当地特产、零食。冯老师最常出差的地方是新疆，馕是新疆的特色美食之一，因此，冯老师的频繁往返新疆让我们尝遍了不同型号的、不同口味的馕，专供小白杏和田红枣以及大红石榴，等等。

或许有人会说这些督促和教导太普遍，这样负责任的老师也很常见，高校不乏如此有师德的导师。但是我们的冯老师还有太多兼备各优秀老师优点于一身的其他特点，而这些特点于我们而言，恩德如山高，情义似海深。

这很自然地让我想起一件小事。那时我博士开题，我们都知道开题对于自己的课题能否顺利开展起着至关重要的作用。如果不能如期开题，不仅学生自己压力山大，迷茫焦躁，而且我们系有规定，延期开题可能会被计入档案，影响当年奖学金的评定，更有甚者推迟开题可能意味着毕业延期。我想这可能是每一个有上进心的学生都不愿意看到的。我们的开题临时更改时间定在10月的一个周二。作为导师，我的开题必须有导师在场，而那一天也正好是冯老师独子婚期的前一天，作为父亲的他理应提前在场，为儿子操办婚宴事宜，但为了不耽误我们的开题，他毫不犹豫改签机票，这样他到婚宴已是婚期当天上午。且不说为了开题，冯老师的心血付出了多少，光是那一刻的坚决，足以让我为之动容。

其实很多事情，我们从中学到的不仅仅是处理事情本身的经验，更多的是思想上的无限进步。不知不觉间，学生慢慢培养起了科研的兴趣，勇于尝试前方的未知，承认失败，也适度骄傲，佛系生活，快乐科研。春风十里不如你，如此我们课题组大多数学生都在这样的节奏中迈向了无限精彩的远方。

我相信每个研究生都有一个支持系统，就像一个好汉三个帮，一个篱笆三个桩。一名研究生，在科研路上行走，没有好的支持系统是不能持久的。它是我们前进路上的根据地，是我们长途跋涉的后盾，当我们迷茫的时候，可以看到清晰的导向，当我们委屈的时候，可以在那里的小屋得到理解。

师恩就像一种很细腻的东西，经常因为学生的循规蹈矩或是不拘一格，表现出不同的形式，或言辞犀利，或循循善诱，或渗透进生活。师恩于我们是那样的重要。科研进展顺利与否，如若没有导师的思维导向，犹如沙上建塔，水中捞月，一切茫茫不可终日。师恩是学生心田的肥料，只要科研在继续，肥料就持续供应着，强有力地支撑着学生的成长。

让沉稳、宁静、广博、透明的师恩，覆盖求学的每个清晨和夜晚，从此不再因外界的风声鹤唳而瑟瑟发抖，不再因世间的荣辱得失而锱铢必较，不再因身体的顿挫不适而万念俱灰吧！人生因此乘风破浪、无所畏惧！

真水无香　静水流深
——记我的导师任图生

卢奕丽[1]

道之所存，师之所存也。

——韩愈《师说》

自小学毕业之后，便没有机会写关于“老师”题材的文章。时值而立之年，我也即将成为一名人民教师。在这漫漫的三十年中，我能在社会中挺直腰板、站稳脚跟，首先，要感谢父母，其次，要感谢的是我的恩师——任图生教授。谨以此篇，来感谢任老师多年的指导和关怀，也是作为自己即将结束的学生生涯，开始教书育人的开场白。

八年前，我怀揣一腔热情来到北京开始自己的求学生涯。而初入任老师师门是在我 2010 年本科毕业后，六年的研究生一直在任老师的课题组。即使在 2016 年博士研究生毕业，转至生态系做博士后研究，任老师也一直是我的导师。对于每一位博士研究生，大家的经历或许不同，但导师永远是对自己影响最大的人。韶华易逝，前行不易。很幸运，我在人生最关键的阶段遇到了我的老师，加入了一个优秀的团队。和任老师接触一段时间后，觉得自己的老师超厉害：既是海归高访学者，又是学科的大牛；有能力、有眼界，尊重学生的同时又以身作则。任老师的脑子里永远充满着科研 Ideas，特别是在讨论过程中，任老师总会提出很

---

① 卢奕丽，中国农业大学资源与环境学院副教授。

多可能性，而这些 Ideas 就会慢慢变成我们日后的 Research Objectives。

任老师对学生的培养有一套自己的模式。最开始让我们把时间和精力放在理论课程上，同时让我们慢慢接触本课题的实验，了解每个成员的研究内容。然后，任老师会根据目前的课题和自己的研究兴趣，为每个学生量身定做一个课题：从一个很小的科学问题作为切入点，先培养学生的科研兴趣、科学敏感性和对问题的判断能力。在入门的过程中，任老师让我们和师兄或者师姐合作，这样就可以更快地第一时间切入课题内容。入门之后，任老师便开始培养我们"独立思考"的能力。在这个过程中，任老师会通过各种讨论及时了解我们的工作动态，纠正我们已经偏离的方向。在博士研究生阶段的科研训练过程中，任老师经常向学生提问、讨论，循序渐进地对学生进行引导，让我们自己发现问题并解决问题。在中国农业大学的这几年，我受到的完整的科研训练，这都离不开任老师辛勤的工作和指导。

任老师在科研上的严格追求是学院里人人皆知的。直到现在，无论是课题组的硕士研究生、博士研究生还是博士后，任老师对每一位学生的论文写作的要求都十分严格。目前的科研大环境，论文发表已经进入"快餐时代"，很多人喜欢在文章中灌水，盲目追求文章的数量；有些人不把精力放到论文的打磨上，文章质量严重下降。但这种现象在我们课题组是不可能出现的。从开始一个实验的设计筹备，仪器的调试和安装，到实验过程中的各种问题的处理，再到最后数据的总结、分析，再到论文的构思、写作和修改，任老师都会主动跟进每一个环节。尤其是论文修改部分，任老师会把每一篇文章做成能够经得住时间考验的精品。每次论文初稿完成后，我总觉得自己的文章有颜值、有内涵，让任老师过目，提点问题就能投稿了。但每次论文都被任老师先"大卸八块"，然后"全国山河一片红"（全部都是批注和修订痕迹）。我们课题组的学生经常玩笑说道："论文被任老师改得都没有独立人格了"。不过，正是在这种"Trial and Error"的过程中，不断地练习和修改，真正地培养了学生的写作能力。一旦获得这种能力，就等于拿到了一把科研的亮剑。在如今的大环境下，学术圈浮躁，愿意在学生和论文上花时间的教授越来越少。然而，作为导师，他要付出几何倍数的时间和精力来完成学生的培养过程。而且，任老师总会给我们创造各种机会去学习和提高，比如，在全国和国际会议上做报告，给学生一个平台，鼓励学生走出国门与同行进行交流，接触国际前沿。在攻读博士学位阶段，任老师推荐我出国访学。在国外访学阶段，我不仅展示了自己的科研成果，工作上得到了同行的认可，也获得了很多与学科大牛合作的机会，颇有成就感。

任老师经常教育我们，科研拼的是脑力、体力和持久力，而他自己就是身体力行的实践者。有一次跟任老师以及学院的几位老师去美国开会，从登机到下飞机过海关，老师连续工作了十几个小时，转机过程的两个小时也没有停下来休息。到了酒店后，由于时差的原因，任老师也只休息四个小时，又开始工作，真的是“Iron Man”无疑。平时我们晚上从办公室回宿舍时，会从任老师办公室门前经过，任老师的办公室经常亮着灯，那时基本上快晚上 12：00 了。任老师真的是做到了来得比学生早，走得比学生晚。

在我申请出国交流最忙碌和烦躁的时候，任老师说：“你暂时把北京的事情忘掉，好好在家陪父母几天。”2018 年是我人生的另一个拐点——面临在北京这个竞争压力极大的城市找工作。在最为焦虑的时候，任老师告诉我：“你只管去讲好你的 PPT，不要多想，其他的事情交给我。”任老师一心为学生着想，对我们严格要求的同时，又给我们足够的自由空间，将我们视为自己的孩子对待，像我们的 Godfather。非常感谢任老师这么多年来对我的信任和支持。今后，我也要成为一名像任老师一样的人民教师，以任老师为 Role Model。

人生而孤独，即使是再厉害的人，在科研的道路上，大部分时间都是在独自默默承受着一切。我们经常会在深夜一两点收到任老师修改后的文章，有时也会听到他言语中的无奈。但在我们眼中，任老师一直像一个战士一样，不知畏缩，从不停歇。

任老师曾说过：“当老师的好处是和年轻人一起工作和学习，心态也年轻了，永远不会觉得自己老。”今年的教师节快到了，再次真心祝愿任老师以及常年坚守在科研教学一线的老师们身体健康，永葆青春。

结语

我的师弟张猛说任老师的精神让他时常想起一句话，写在这里共勉：

“战士是不知畏缩的。他的脚步是坚定。他看定目标，便一直向前走去。他不怕被绊脚石摔倒，没有一种障碍能使他改变心思。假象决不能迷住战士的眼睛，支配战士的行动的是信仰。他能够忍受一切艰难、痛苦，而达到他所选定的目标。”——摘自巴金《做一个战士》

师恩难忘　点滴在心头

——记我师从韩建国教授学习的经历

王赟文[①]

我的博士研究生导师是中国农业大学动物科技学院草业科学系的韩建国教授，他是我国草业界的著名科学家，享有很高的学术声望。我于 2000 年考入中国农业大学攻读博士研究生，2003 年毕业留校，又跟随韩老师做科研和教学。从读博士研究生到和韩老师一起工作，我们一起相处了十年。

回想我考韩老师博士研究生的初衷，完全是一番书生意气，一心想到北京学前沿理论和技术。其间韩老师安排我去甘肃酒泉做有关苜蓿种子生产技术研究的论文，说实话，我不是很愿意，主要是担心实验和生活条件有限，做不出“高水平”的论文。入学的第一年，我有意地选了生物学院的生物化学大试验等课程，为自己感兴趣的分子生物学研究做一些课程准备。我几次委婉地和韩老师说想做其他研究的想法，想说服韩老师让我做自己感兴趣的研究，但韩老师始终不动摇。当时我和韩老师的关系是敬重而生疏的。

2001 年 3 月，韩老师带着我从北京南苑机场坐图-154 飞机去甘肃省酒泉市安排论文实验，那是我第一次坐飞机。当时从北京坐火车到酒泉大概需要三十个小时，一般学生出差只给报销火车硬卧票，车票紧张，买不到卧铺票的时候也坐

---

① 王赟文，中国农业大学动物科技学院草业科学系 2000 级博士研究生，师从韩建国教授。2003 年毕业留校，从事牧草育种与种子生产技术的研究与教学工作。现在美国加州从事水果育种与技术研发工作。

硬座，旅行十分劳累。韩老师让买了两人的机票，笑呵呵地说时间比规定更重要。

我的论文安排在酒泉大业公司进行，当时大业公司在酒泉市肃州区上坝乡的生产基地还没有建成，我的实验只能选择上坝乡农户的苜蓿地。韩老师和我在公司相关人员的带领下，实地察看了乡政府附近农户的地块，最后选择了五家农户的苜蓿地，作为我论文的实验地块。韩老师与大业公司总部领导协商，公司每天给我发五十元的补助金。读博士研究生之前我曾在甘肃工作，中级职称每个月工资大概五百六十多元。公司额外的补助金彻底解决了我读博士研究生期间在经济上的贫困窘境。做苜蓿种子生产试验，控制灌溉是非常重要的因素。如果田间水分较多，苜蓿开花后很容易倒伏，种子产量降低，试验设计的处理效应不能体现。由于我的论文的每个试验内容安排在不同的农户地里进行，说服农户不浇水就是一个大难题。田间试验需要人手，还要协调公司的领导，找他们要技术员协助。由于我思想上对田间技术试验不是很积极，与实际操作相比，更喜欢埋头读“圣贤书”。第一年的试验结果很不理想。冬天，我回到学校，进行论文开题汇报时，老师们提出了一系列的问题，会后韩老师叫我到办公室沟通，认真听了我的意见。韩老师坚定地告诉我，试验管理等具体问题自己动脑筋去解决，给我充足的额外试验经费。如果遇到公司无法及时给予人力和财力支持时，我自己可以动用这笔经费去做。有了前一年的经验和韩老师的大力支持，第二年我把更多的精力放在主动联系和管理农户，沟通协调公司支持等方面，田间试验进展也非常顺利。2002 年 8 月，韩老师和戎郁萍老师专程到酒泉调研当地苜蓿产业，查看我的试验进展情况。一到试验地看到苜蓿种子高产的情景，韩老师非常地兴奋，从一块地走到另外一块地，完全不知旅途疲劳，此情此景让我切身体会到韩老师对草业事业的热情和专注。随后和韩老师交流起来，我也不那么拘束了。

21 世纪之初，国家开始实施退耕还林还草政策。农业部（现为农业农村部）获得国家财政专项资金设立国内草种生产项目，经常邀请韩老师作为技术专家进行评审和检查项目。韩老师大力推荐我去参与项目评审和检查执行情况，把我们通过试验获得的经验和技术及时运用到国家项目建设当中，使我自己也对国家宏观政策和项目实施有了更高的认识。

2003 年留校时，正值中国农业大学草业专业第一届本科生进入专业课的学习阶段。为锻炼我的教学能力，积累教学经验，韩老师从他主讲的牧草种子学课程中专门留出四个学时的内容让我试讲。那是早晨第一节至第二节的课程，当我第一次作为老师走进新教学楼的教室时，没想到韩老师已经坐在教室里，用我熟悉的目光坚定地给我支持，我紧张的心情顿时平静了不少。

韩老师的工作非常繁忙，不论是学生，还是各地慕名而来的人找他请教或者谈实验、合作的事，只要在办公室他总是放下手中的工作，热情接待，认真倾听，指导解决。韩老师在工作上对自己和我们的要求是严格的。课件、论文、书稿、项目申请书和总结报告等反复修改，力求言简意赅、完整准确。韩老师给博士和硕士学位论文的选题大部分都是围绕我国草业发展最为需要的方面开展。从生产入手，韩老师先后指导了几十名博士研究生和硕士研究生分别在甘肃酒泉开展了牧草种子与苜蓿草产品生产与加工研究，在河北坝上完成了人工种草与生态恢复研究，在青岛胶州进行了结缕草种子生产研究以及牧草种子生产与种子检验的理论与技术研究。韩老师是我国草产业、农牧交错带生态建设与恢复以及牧草种子检验事业发展当之无愧的领路人。没想到这样一位德高望重的好老师却英年早逝，在他 52 岁时过早地离开了我们。

2010 年 11 月初，我到美国加州长滩（Long Beach）参加美国农学会——作物学会——土壤学会年会。在草坪技术会场，主持人简要介绍了韩老师的生平事迹和对草业事业的主要贡献，提议与会的专家学者为失去这样一位杰出的科学家默哀致敬。韩老师稳健的脚步声和洪亮的说话声，永久定格在我的脑海。

回想读韩老师的博士研究生和与其一起工作的十年，这期间是他引导我从一个只知道读书的学生成长为真正投身到土地中，做社会切实需要的、农业应用科学研究的专业人员。韩老师对我的教诲不仅仅是书本上的知识，更为重要的是对我国草业生产的认识与实践，严谨治学、脚踏实地、勇于开拓的科研热情和态度。也正是这样平凡而真实的历练，培养了我之后在从事农业科研的道路上迎接各种困难和挑战的勇气和信心。韩老师离开我们已有八年，然而，不论我现在身在何地，这份师生情谊让我终生难忘。我跟随韩老师的这段求学和成长的经历永远是我内心深处最为温馨的记忆，点点滴滴铭记在心头。

滴滴师恩启心智

——记我的导师杨汉春

刘园园[①]

作为听着《长大后我就成了你》这首歌长大的一代，老师在我们心中有着光辉灿烂的形象；作为一位从幼儿园一口气读到博士研究生的资深学生，老师已经成为我人生中不可忽视的一个角色；作为马上要结束学生生涯，踏出校门走入社会的我，对老师有着一腔难以割舍的依恋。在求学生涯里经历的众多老师中，很多位老师的形象已经随着时间流逝消失在岁月的年轮中，但我的博士研究生导师——杨汉春教授却是我终生难忘的一位。写到此，脑海里不禁浮现出杨老师的形象：他个子不是很伟岸，但是浑身散发着一股肃谨之气，让你不自觉地弱了气势；头发总是梳得一丝不苟，里面夹杂着少许耀眼的白发；眼睛大而明亮，闪耀着智慧的光辉，敏锐又细致；嘴唇薄而经常抿着，操着一口不太标准的普通话；走路时，脚步匆匆而有力，虽已到知天命的年纪，却如同小伙子一样热爱打篮球，每周一场，风雨无阻。

初识杨老师是在 2013 年 6 月的哈尔滨。当时我坐在哈尔滨兽医研究所宽敞的报告厅里，远远地观望着台上正在进行的紧张的硕士研究生的毕业答辩，握在手里的笔时不时记下有借鉴性的试验方法。台下第一排是负责答辩的老师们，好

① 刘园园，女，中国农业大学动物医学院预防兽医学专业 2014 级博士研究生，2015 年 12 月，在第十一届北京畜牧兽医领域青年科技工作者“新思想、新观点、新方法”论坛，做的报告《PRRSV nsp1α 通过泛素-蛋白酶体途径诱导降解 MHC-I 的分子机制》荣获一等奖。2017 年 5 月，在中国农业大学动物医学院第二届博士学生论坛，做的报告《PRRSV 复制与转录复合体位于线粒体相关膜组分》荣获三等奖。

几位是外校请来的，对于刚踏进科研界的菜鸟来说，我还没听过各位老师的大名。很快轮到我师姐了，她很流利地展示了自己的硕士研究工作；答辩老师的提问也中规中矩，其中不乏一些格式错误之类的老生常谈，师姐也较圆满地回答了答辩老师的提问，赢来老师们的频频点头。6月的哈尔滨也很酷热，在台下打着哈欠的我，突然听到一位答辩老师问："工作做得不错，既然你是研究蓝耳病的，那你抛开实验来讲讲，为什么说蓝耳病是一种神秘病呢?"他的声音里自带一股威严，又带着几分调侃，我不觉精神一振，直起腰来，侧耳聆听。只见台上的师姐听到后，突然语塞了，支支吾吾地没有讲成系统。这位答辩老师笑了笑，与旁边几位老师打趣了几句，也就过去了。而台下的我心情久久不能平静，这个问题让整天沉浸在PCR与WB中的我感觉到心灵的震撼，模模糊糊地感觉这就是兽医科学的思维。于是，赶紧问身旁的李老师，李老师说："你竟然不认识杨老师呀，他是中国农业大学动物医学院的杨汉春教授，还是我硕导的博导呢!"在我眼里，李老师已经很牛了，在他口中的硕导更是一个"上仙"般地存在，由此推理，这位杨老师估计就是"上神"了吧。后面的答辩乃至整个2013级哈兽研的硕士研究生毕业答辩内容，我已记不太清楚了，而杨老师那个问题，则深深烙在了我的脑海里。

从此，我开始留意杨老师的信息和他实验室的工作，了解到与我硕士实验室一样，他们的工作重点也是蓝耳病病毒，于是心里慢慢种下了一颗种子，就是博士要争取拜在杨老师门下。功夫不负有心人，经过一番努力，我顺利成为杨老师2014级的博士研究生。来了之后，发现杨老师实验室很大，学生很多，不善于在老师面前表达与交流的自己很快淹没在人群中了。而杨老师工作也很繁忙，但是他除了出差，基本都在实验室，每天都能坚持早上7:00～8:00来到办公室，晚上10:00点之后才离开，其间回家吃午饭和晚饭，寒暑不变，节假不歇，除他之外，实验室没人能够坚持如此。他不会絮絮叨叨地要求我们怎么做，更不会声嘶力竭地批评一名学生，他办公室开着的门就有一种无形的力量，默默彰示着作为一个科学工作者的修养，可谓"桃李不言，下自成蹊"。最有利的见证是每年教师节那天，楼道里都会飘满了鲜花的芬芳，一波又一波已毕业的学生回来看望杨老师。每年的这一天，杨老师的笑声总是最多的，也是最爽朗的，在楼道里久久回荡。

虽然我一直很努力，可是博士研究生课题做得一直不顺，进展缓慢。想想杨老师严厉的面容，心里总想着这个或那个试验结果出来再找老师汇报与请教或者今天杨老师出差了，等等，以各种理由让自己逃避去找杨老师，这也是我博士研究生期间做得最失败的一点。终于有一天，我在电梯口碰到杨老师，向他打过招呼之后，他匆匆去了楼道的另一头，不一会儿，他又折回来，看我还在等电梯，脸色不虞地说："你先别走，等会儿！"然后，回到办公室去了。听到此话，我像石化了般，心里七上八下地自言自语："死定了，死定了，走这么早，要被批评了！"如坐针毡中，杨老师过来了。他和我一起边等电梯，一边说："把最近试验结果汇报一下。"我很心虚地说了一遍，看不出杨老师脸上的表情，心里大囧。杨老师叹了一口气，语重心长地说："你很勤劳，但是怎么不交流呢？"我咬咬嘴唇，低下了头。杨老师又叹了一口气说："以后要多交流呀，园园。"我连连应诺，出了电梯。一个人默默走在走廊里，紧紧握着拳头，心里呐喊："交流！交流！"

秉承杨老师的教诲，一日，我鼓起勇气去找杨老师汇报工作，敲门进去后，杨老师从繁忙的工作中抬起来头来，一如既往的严肃。"不好意思，杨老师，打扰您了，您有空吗？我想向您汇报下近期的试验进展。""哦，好吧，带U盘了吗？拷到电脑上就行。"杨老师投给我一个赞许的目光。我得了莫大的鼓励，开始流畅地汇报我的工作。杨老师一直耐心地听着，时不时地打断我，了解一下细节，也时不时地点评一下："那个细胞是要用复数的，不能单指一个细胞吧，呵呵……""做的病毒增殖曲线图怎么零小时前面还有时间轴呢？"……明明检查了好几遍，怎么没有看出来呢，我懊悔不已，底气开始不足了。杨老师却并没有想象中的生气，他从头到尾语气都很和善，当听到我的下一步研究计划要进行氨基酸点缺失时，杨老师连连摆手，无奈地笑了，说："园园，科研不能这样做，会累死人的。你去进行片段缺失吧。"我不禁赧然，连连应声。回来之后，我及时调整自己的课题思路。交流让我逐渐卸下对杨老师的惧怕，也收到很多教诲，开始体会到交流的益处，这份收获将指引我的一生。

博士岁月忙碌而又紧张，如白驹过隙，很快我也走到投文章这一坐标处，结果我是不幸的那一部分人——在毕业前夕，文章被无情地拒了。我读着编辑冰冷而又无情的拒稿邮件，如万箭穿心，握着手机，哆哆嗦嗦地给杨老师发了短信：

“杨老师，不好意思，文章被拒了。”我述说了被拒的原因，很快收到杨老师的回复：“好的”，一如他一贯的作风。然后没过多久，他把我叫到了办公室。我手里紧紧握着打印出的拒稿信，眼里充满了沮丧与绝望。杨老师看了我一眼，笑笑说：“被拒稿是搞科研的常事，不要太灰心。”习惯了他的严肃，突然感觉他的笑容很珍贵。我那布满阴霾的心拨开了一条缝，洒入些许阳光，让我感觉心不再那么冰冷与孤苦。他点燃一根烟，接着又说：“我不强制要求你们发大文章，但是要把故事讲完整，把工作做踏实。”见我一脸凝重，他又慈祥地说：“塞翁失马焉知非福，明年毕业，有可能找到更好的工作呢，现在要沉下心来继续好好做。”听着句句发自肺腑的话语，长久以来缺失父爱的我，竟是那么地认可与信服，感觉眼睛有点湿润了。我不禁抬起头，重重地点了点头。对于一直以来惜字如金的杨老师，这么耐心地给我讲了这么多，如同给我注射了数以万计的 ATP，支撑着我坚守初心，不被眼前的困难打倒，披荆斩棘，继续走下去。这让我坚信眼前的痛苦有多深，未来的道路就能走多远。

没有父母养育之恩，我们不能顺利长大成人；没有良师教导之恩，我们难以成才；没有杨老师的教诲，我不会在博士研究生阶段有所成长。感恩是我们中华民族的优良素质，是我们成才后回馈他人、回馈社会的根本，也是我们的快乐之源、幸福之本。浮沉一生，峥嵘岁月，师诲似海；求学数载，坎坎坷坷，师恩难忘。行行板书引成长，滴滴师恩启心智。

感念师恩勤躬耕，爱洒桃李育芬芳。

我们的“男神”老陈
——记我的动物医学院导师陈耀星

马淑慧[①]

今天不知道怎么了，特别想说一说老陈。老陈是我的博士研究生导师，50来岁，挺年轻一小伙儿，个子不太高，但是特别精神，长得挺帅。反正我们实验室所有的姑娘都认为他就是我们的男神，还有人认为老陈长得像极了梁朝伟，关于这个，老陈曾经在实验室座谈会上当众发言认为自己比梁朝伟更帅，这一点我们还是很认可的，因为老陈真的很帅，帅得没边了……

老陈是福建人，一口不标准的普通话，据所有跟老陈聊过天，搭过话的人回忆首次跟老陈的交流情景，总结完就一句：没有一个能听懂老陈的“普通话”。老陈讲话很慢，我们学生私底下有学过他讲话，大家深得真传，每个人学起来都惟妙惟肖，估计大家在如何更快地适应老陈的“普通话”这一入学常识上着实下了一番功夫。我们曾经幻想能让老陈开口唱一首闽南话的“爱拼才会赢”，相信老陈标准的发音肯定唱得满堂喝彩，但直至如今也没有人敢提出这个倡议。

老陈的办公室时常备有零食，老陈一找学生谈话，都要时不时地塞点零食什么的。如果进出老陈办公室多了，你会发现老陈经常一边在电脑前工作，一边嚼着小饼干。如果仔细看，幸运的话，你还能发现老陈嘴角的芝麻粒和饼干渣。我们时常讨论为什么老陈爱吃零食，但永远长不胖，这个问题暂且还没有得到很好的答案。但是吃零食永远长不胖，我们还是很是羡慕的。后来老陈给我们解释他

---

① 马淑慧，女，中国农业大学动物医学院博士研究生在读。

爱吃零食的原因：老陈在日本上的博士研究生，当时他的夫人还留守在北京，孤身一人的老陈由于实验原因经常吃饭不规律，饥一顿饱一顿，而实验却从不敢耽误，经常采集荧光切片，一采集就一整天，根本都不知道外头天黑还是天明，老陈为了充饥，就买点小饼干零食什么的，放在实验室，饿了就垫点。就这样老陈爱吃零食的习惯是养成了，但是身体却落下毛病，独自在日本的老陈得了胃溃疡，用老陈的话说："不后悔"。即便回国后的老陈做了博士研究生导师，有了独立的实验室，开始指导学生，但是认真的老陈又开始没日没夜地工作，老陈再次得了胃溃疡住进医院。病好后，他的夫人笑谈起此事作为调侃老陈不长记性的惩罚，老陈还是一句话："不后悔"。所以现在的老陈依然是不折不扣的"工作狂"，凌晨出现在实验大楼也是毫不稀奇的事情。

老陈十分聪明，十五岁就考上大学，老陈的思维逻辑比我们这些所谓的年轻人都活跃缜密，每次遇到困难找了老陈总会收获满满的新思想，这样的神力是我们学多少年也只能是望洋兴叹的。但聪明的老陈也会被烦事所扰，而经过多年的观察，我们发现老陈近期的心情的最佳指示标就是他的头发。想找老陈谈话交流，先看头发。如果头发干净、整洁，你跟老陈探讨实验的事情将会很愉快的，很可能还能瞎聊两句。但是如果头发……嘿嘿，那样的老陈，你就稍微离远一点吧。我想作为老陈的头发也是不容易的，打理不打理完全靠心情，而老陈头发在每月工作汇报时候是最受罪的，老陈边听我们的工作汇报，边揪头发，如果听到不合意的，头发就被整得像鸡窝一样，老陈揪头发的时候，我们就在底下偷偷地互瞄，然后心里就默默地许愿："老陈，求您别揪了，再揪真就秃了。"

老陈和同学们亲近的最佳方式就是冷笑话，那冷笑话讲得真不是盖的，足足能冻死北极熊，本科的学弟学妹曾在动物医学院的元旦晚会上以老陈的冷笑话做以调侃，想必这也是学弟学妹对老陈表达爱的方式吧。但如果你仅仅认为老陈是以冷笑话俘虏了众多的粉丝，那你就大错特错了，老陈的魅力在专业授课和实验中散发得淋漓尽致。凡是听过老陈授课的，每一个人都是赞不绝口，老陈总能以不同的方式让你记住每一个动物解剖的知识点，黑板上徒手清晰、完整地画出动物的每一根血管和每一根神经的操作更是不在话下。如今的解剖教室还陈列着老陈自己做的马骨标本，软骨、舌骨和籽骨等微小的组织也一一完整，而老陈制作的标本连来参观的标本制作公司人员都佩服有加。但老陈有一件让我们足以传颂给一届又一届实验室师弟、师妹的事情：有一次应邀给羊驼颈静脉采血，但是羊驼神兽脖子过长，而且皮毛极厚，我们好几个人帮忙的学生忙活了半个小时居然无法施以专业技能，羞愧之时只能厚着脸皮请老陈出山，老陈不动声色，弯腰一摸，拿针轻轻一扎成功取出，随后交给我们，踱步走出实验室，而这前后不过两分钟，我们怀着羞愧而又崇拜的目光注视着老陈离去的背影，真想当时跪倒在地以示拜服。

老陈对待科研认真的态度也让我们有点望而生畏、闻风丧胆的感觉，实验要重复数遍，实验过程要详细了解，实验数据的处理要一一过目……文章的修改更是如此，修改十遍二十遍那都是常事。因此，一听到“工作汇报”几个字，我们也是战战兢兢，小心翼翼，不免对固执己见的老陈产生一些“仇视”心里，但毕业后走向工作岗位的师兄、师姐无一例外地会感叹研究生这种认真教育制度的好处，也会笑着对我们说：“将来你们会感谢陈老师的认真”。

但如果你认为老陈只是具备专注的科研精神和认真的教学作风那就太片面了，在日常的生活中，老陈也有柔情的一面。老陈教育我们应该学会感恩，每次过年放假，老陈也会嘱咐我们向父母问好，在家里为数不多的几天要尽力孝敬父母。而老陈对学生所表现的柔情更让我们满怀感动，实验室里凡有同学生病不舒服或者家里有困难，老陈总会以最温馨的方式关心他。记得有一个研究生因为阑尾炎住院，也是老陈垫付的药费，跑前跑后地带他住院。实验室的小聚，他也总是担心大家吃不饱，玩不好，在默默地添菜后，适时地离开，让我们避免因他的存在而拘谨。老陈就是这样，让我们在私底下讨论他、抱怨他的时候，又时不时地给你一剂温馨良方去赞赏他、感恩他，这让你对他又爱又恨。但老陈依然是我们实验室公认的“男神”，毋庸置疑。

忆 恩 师

——记我的老师江海洋

王 旗[①]

6月初的一场雨让干涸的大地久旱逢甘霖，这种感觉就像回忆起我的导师——江海洋教授（我习惯称他为江导）。如今又是一年毕业季，站在学校门口，仿佛从未离开过这里，江导的话也似乎仍然萦绕在耳畔。

2014年4月7日，这是我第一次参加组会的日子。当时就坐在毕业生答辩的教室里，就坐在第一排离江导最近的地方。师兄和师姐滔滔不绝地讲着自己的毕业答辩PPT，几十页中途从未停顿，但江导没有放过任何一个有瑕疵或者有争议的地方。那是我对他的第一印象：苛刻，没有一点儿人情味的苛刻。

我们每个月底都有雷打不动的总结和组会。关于月末总结，早、中、晚的格式就像一日三餐。前半年我还坚持天天写，并且把自己所有的心得体会都加以修饰，后来就变成了通宵赶总结，而且还是千篇一律的空空皮囊。但很多事不是因为你觉得有意义才去做，而是你去坚持才会发现这件事的意义。尤其是遇到开题、实习汇报、年终总结和奖学金评选时，别人都在通宵达旦，而我们分分钟搞定。组会上，江导很少给我们提要求，他总是让我们自己定目标、做计划，他只是起监督和鞭策的作用。无论是什么不可抗拒的原因，毕竟曾经在众目睽睽下斗

① 王旗，中国农业大学动物医学院2014级硕士研究生，基础兽医学专业，现就职于北京市理化分析测试中心生物技术部。

志昂扬地宣读自己的目标，没有实现的那刻，不用江导说一句话，就羞愧得把自己的头埋得很低很低，恨不得系到裤腰带里。工作到现在，我仍沿用了那套总结模板。这种及时总结、定目标和做计划的好习惯让我受益匪浅。

就这样江导的总结和组会模式，拉开了我的读研的序幕。两年对于硕士研究生而言，如同白驹过隙。同级小伙伴刚入校就确定了研究课题，除了上课就是准备自己的实验。而我却像热锅上的蚂蚁，最后，有些气恼地去找江导谈话。直到现在，我都记得他的表情和语气都很冷淡："我从来没有给学生指定研究课题的习惯，都是自己读文献或者同其他人交流，结合自己的兴趣找到切入点。当然，如果你觉得你自己做不到，我也可以给你定个课题，但是你必须有始有终，绝不能半途而废。"随即，我听从江导的安排，帮师兄、师姐做实验。开始觉得新鲜好玩，但之后的重复性工作让我觉得很压抑，心里暗暗想：师兄、师姐不也就这点能耐吗？于是又去找江导谈判，走进去的那刻，我信心满满；走出来的时候，我就像泄了气的皮球，脑海里全是责备声："囫囵吞枣，一知半解，眼高手低，再不改变，你这辈子注定一事无成；实验中那么多细节值得探究，你却视而不见，总想一口吃个胖子，心急吃不了热豆腐啊！"我当然懂他的意思，但问题是马上就要评选奖学金了啊！

我安慰自己：在江导这里，奖学金就像那天边的云朵吧，可望而不可即。在开学第一天，他就丢给我们一句话："想拿奖学金就要凭真本事，踏踏实实做实验，认认真真写论文。我不会因为影响因子低而不让你们发表，但是我也不允许你们花钱去外面润色，一切都要靠自己，实在搞不定就向师兄师姐求助。"俗话说：置之死地而后生。我终于在毕业前憋出了两篇论文。有时候，不强迫自己，你永远都不知道自己有多大潜力。

有一天，所有人都被叫到江导办公室，我心想着：每次都没什么好事，这次估计也不例外吧，只要批评的人不是我就好了！很意外，每个人都拿到了一笔现金红包。师兄拿了国家奖学金，自愿拿出一部分分给我们。好像在那一瞬间，我明白了江导一直强调的 Teamwork。江导说："一个人的力量是有限的，只有在团队中将自己的能力发挥到极致才有可能做出一番事业。"

如果在科研方面，江导对我们更多的是放养，那做人这方面简直就是严苛。江导要求我们必须做到以下几点。

第一，要有礼貌。江导不厌其烦地告诉我们："进办公室一定要敲门，跟其他老师打招呼。无论这个老师是否带课，但仅仅因为他们是老师，就应该给予他们最起码的尊重。"

第二，要有责任心。实习前，江导告诉我："你一定要记住责任大于能力。公司的韩大哥年纪大，文化低，但无论换过多少负责人，他始终都留在了那里。不是因为他可怜，而是他对每件事都认真负责，十年来从未出过任何差错。不求你有多大的功绩，只愿你能对自己的事情承担责任。"

第三，学会尊重。组会上师兄做汇报，可能时间紧，准备得并不是很充分。江导提道："额外占用别人的时间就是对别人的不尊重。如果在三十五岁前，你还一事无成，那就从那个岗位下来吧，这既是对自己的鞭策，也是对年轻人的尊重。"

第四，学会感恩。在校期间，江导提到最多的就是感恩父母。一般我们请假，他都不会批准，但唯有回家这个假条，他签得很爽快。签完后，江导都会苦口婆心地嘱咐："不指望你们帮父母干活，至少多陪父母聊天，少打游戏、少看电视剧。"他自己也是这样，工作再忙，都不忘回老家看望父母或者接他们来北京小住。

第五，坚持健身。江导是个健身达人，他不仅自己喜欢运动，而且还带动了周围一群人。寒冬腊月，他常常把我们召集到学校操场。排球、篮球、羽毛球、跳绳、踢毽子，比赛项目多种多样，而且进行得有模有样：有团队、有口号、有裁判、有奖品。就连毕业生欢送会或者迎新会都会有团建活动：爬山、骑马、划船、漂流等。就是在这样的团建活动中，我们了解彼此、信任彼此，真正学会了团结协作！

我很喜欢被人夸奖或称赞，但江导却偏偏属于习惯看到学生瑕疵而且狠狠责备的那种导师，所以我就变得很消极。在邮件中，我多次和江导提到这件事。后来，偶然间发现江导一直在很努力地发掘我的优点。

这样的事还有很多很多，似乎十天十夜都讲不完。我是个很感性的人，脾气执拗，和江导争吵也最多。直到毕业，我才意识到江导的可贵之处：可敬可佩。这种尊重并不是表面违和的应承，而是发自内心的赞许。我会以江导为榜样，提高自己，改变自己，用正能量影响周围的人。

在此想说一声：江导，您辛苦了！谢谢您！

山高水长
——记恩师罗云波

程　楠①

三十年前，
罗老师是从巴斯毕业归来建设祖国的热血青年；
三十年后，
罗老师是在农大辛勤耕耘鞠躬尽瘁的仁德师者。
适逢农大恢复招生四十周年，
这四十载辉煌光景也重叠着罗老师最隽永的青春岁月，
故将我眼中的罗老师记于笔下。

罗老师是吾恩师，
给我的梦想插上了一双翅膀，
为我的成长浇灌了一捧琼浆，
让我的人生遇到了一个更好的自己。
罗老师亦用言传身教育得桃李满庭芳，

① 程楠，女，1991年1月生，中国农业大学食品科学与营养工程学院2015级博士研究生，师从罗云波教授，研究方向为食品安全快速检测新技术。获2016年国家建设高水平大学公派研究生项目资助，赴美国华盛顿州立大学进行博士联合培养；曾荣获“五四青年标兵”“研究生三好学生”等荣誉称号；曾连续两年获得博士生“国家奖学金”；曾获博士研究生学业一等奖学金、创新创业奖学金、玛氏奖学金、金龙鱼奖学金、蒙牛大学生科技创意奖学金。

济济多士，如今或中流砥柱或亦为人师，
最珍贵，一定是与导师浓浓的师生情，
最感念，当数传道授业解惑的仁者心。

罗老师是食品学院师，
深厚精湛的学术造诣融会贯通，
从谏如流的管理风格有口皆碑，
广邀大牛的授课模式独辟蹊径，
低调平易的人格风范春风化雨，
谦谦君子的魅力表率滋兰树蕙。
食院迷妹的仰慕三十年间不曾中断，
食院男神的称赞三十年来口口相传。

罗老师是农大师，
最好的注脚是诗意盎然的《此去之未来》，
凝练智慧、升华气度的人生格局，
硕学鸿儒、博物君子的家国情怀，
同舟共济、气度相恰的幸福爱情，
可圈可点、永不割舍的舌尖农大，
在神采飞扬的寄语里饱含父辈般的脉脉温情，
不知曾经或还在感动和温暖着多少拳拳之心。

罗老师是公众师，
可在中南海为党和国家领导人建言，
可为老百姓对突发的食品事件解惑，
既有顶层设计、心怀天下的师德，
又有科学解读、顾全大局的师风。
纵然在学界的地位举足轻重，
可往往食品安全科普舆情滔天，

哪怕阻力重重、压力山大，
仍在竭力普及民众对待科学的正确态度，
一路荆棘丛生，却始终坚定从容。

桃李三生，英伦茹蹊，
品食五味，鞠躬屏息，
云山苍苍，波水泱泱，
吞吐万汇，千钧张翕。

十年农大情
——致敬恩师高万林

胡 慧[①]

凌晨5：38醒来，还沉浸在昨天博士研究生学位论文答辩后的激动中。2008—2018年，转眼间距离本科入学时已有十年。十年的农大情！在这即将离开中国农业大学校园，踏入社会之际，记忆里的那些青春岁月依然历历在目，老师们的谆谆教诲犹在耳畔。

还记得2008年入学时，父亲一人扛着我那沉甸甸的行李，装载着母亲满满的爱，坐着唯一一趟经过家乡的普通火车，历经一天两夜，2 340千米，来到了祖国的首都——北京，来到了中国农业大学理科试验班。当年高考前随口的一句“2008年我要来北京看奥运”，对于从未离开过家乡的我，直到踏上了北京土地的那一刻，抬头望着学校宏伟的奥运场馆，仍然不敢相信自己的眼睛。那个为子女辛苦操劳了半辈子的男人——我的父亲，在学校附近最便宜的家庭旅馆住了一晚，第二天上午坐着公交车去看了一眼鸟巢和水立方，下午便匆忙离开了北京。

① 胡慧，女，2008年入学，2012年6月毕业于中国农业大学理科试验班计算机科学与技术专业，获工学学士学位。2012年9月免试推荐攻读中国农业大学硕士研究生。2014年9月硕转博，2018年6月毕业于中国农业大学信息与电气工程学院农业信息化技术专业，获工学博士学位。大二起加入导师实验室，独自申请并完成校、院级的项目，曾作为骨干参与中国农业大学MOOC平台——雨虹学网的建设和平台的维护。她以第一作者发表论文五篇，申请并受理发明专利四项，获得软件著作权四项，其他排名的论文、专利和软件著作权若干；参与编写论著五本，获省部级奖励一项。本科期间连续三年获校级学习优秀奖学金，研究生期间获校级奖学金四次，曾获中国农业大学“三好学生”“优秀研究生干部”“优秀学生党员”称号。

留下内心空荡荡的我，独自一人面对着这陌生一切。

理科试验班汇聚了全国各地的优秀学子，它由高考录取二十五人和入学后校内选拔二十五人共同组成，配备校内最优秀的教授和口语外教，独立授课，弹性学制。同时，也有着严格的淘汰制度。对于从小城市出来的我，每天都小心翼翼地应对着各方面的压力，承受着地域差异和自身差距带来的各种艰辛和强大竞争，精神极度紧张，生怕自己的一次考不好就被淘汰到普通班。然而，也是得益于试验班的导师制度，改变了我的这一困境。

俗话说：一日为师，终身为父。父亲亲自把我交给了中国农业大学，中国农业大学给予了我人生中的“第二位父亲”，正是这位学习生涯中的人生导师，引领我一步一步在科研的道路上前行，他就是信息与电气工程学院的高万林教授！

进入实验室的第一件事，就是写简历、发课表。虽然不知道其中的缘由，但我还是开始总结自己的优、缺点，特长、爱好，学着撰写我人生中的第一份简历。高老师随后给我安排了工位，并安排了一位师兄指导我。这样，有了固定的位置，我就不用每天下课后，还要去图书馆、自习室占座。同时也有人带领我熟悉实验室的各项工作，回答我的十万个为什么。接着，高老师指导我申请学校的本科生 URP 项目、学院的创新资金项目。在高老师的指导和师兄师姐们的协助下，我完成并顺利结题。在实验室期间，还参与了农产品价格信息、动植物病虫害防治知识等著作的撰写，参与了农业科普视频的剧本撰写、脚本撰写、配音等全过程的制作（该项成果于 2015 年获农业部中华农业科技奖科普成果奖）。虽然那时我还不知道什么是科研，但是我已经在做这件事，走在了科研的道路上。我也不再迷茫，方向也逐渐清晰，本科阶段的学习生活也越来越充实。做这些项目的经历成了我求职中亮丽的一笔，我也在科研的道路上越走越顺畅。

2012 年，我顺利地完成了本科阶段的学习，获得了免试攻读硕士研究生的机会。当其他同学都热衷于“保外”时，我毫不犹豫地选择留在中国农业大学，继续跟随高老师进行硕士研究生阶段的学习。一是觉得高老师学识渊博、不断求新和探索科学的精神值得我继续学习，二是高老师总是乐于倾囊相授，给学生创造各种学习和展现自我的机会。硕士研究生期间，在高老师的指导和亲自带队下，我们赴全国各地开展“国家‘十二五’科技支撑计划——农村重点人群营养健康关键技术集成与应用示范研究”项目的实地调研，获取了第一手数据资料。

高老师也在调研后指导我们学习如何整理数据、如何撰写学术论文，更是针对我们缺乏数理统计分析以及营养健康领域知识的问题，还特别邀请了食品学院的教授进行指导。

高老师曾说："撰写科技论文是对自己科研工作的总结和归纳，我们要对自己做过的工作抱有自信，而不是抵触写论文这件事情。"高老师还给我们总结出经典的科技论文写作模板。经过高老师的悉心指导和多次修改、讨论，我的论文最终得以发表。有了这一次的实地调研和数据整理、总结的经验，高老师又让我负责该项目的本科生暑期社会实践工作，负责调研前的培训、问卷发放、调研后报告撰写指导等，就这样，我也成了师、弟师妹们眼中的"小老师"。这一点点的小成长，离不开高老师的辛勤栽培。缘于这个项目，我们有机会到项目合作单位——北京邮电大学进行了 TSM① 培训。这次的培训让我第一次接触到存储、归档、备份这些陌生的名词，为我的博士研究生课题奠定了基础。

2013 年 6 月，一则关于"硕博连读研究生选拔"的通知扰乱了我平静的内心。博士研究生对我来说是那么的可望而不可及。身边不少同学都选择了转博，而我始终犹豫不决，总觉得自己目前的能力水平还不够，对自己的科研能力缺乏信心。高老师得知这一情况后，立即与我进行谈话，肯定了我以往的工作和成绩，并分析了博士研究生和硕士研究生的不同之处，解答了我的困惑。在高老师的鼓励和支持下，我重拾信心去开启我的博士研究生的学习生涯。为进一步加强我的科研实践能力，高老师让我加入了"中国农业大学 MOOC 平台——雨虹学网"的建设，通过这个项目，我开始学习了 Linux、Python 编程、云计算技术、分布式文件系统等相关知识，通过这些学习，我的组织协调能力、管理能力、应变能力等得到了极大的提升，平时所学的理论知识也在项目实践中得到了很好的验证，让我真正地体验了"化雨落地现彩虹"。基于这个项目，我很快找到了博士研究生论文的研究方向。高老师从选题、实验设计、论文修改到最后成稿都给予悉心的指导，我最终能顺利通过毕业答辩，这都离不开高老师在无数个日夜里

① TSM 的核心功能是提供集中的数据备份管理以及大型的企事业单位提供可靠的集中数据备份管理，是业界最主要的备份软件之一。

不厌其烦地修改，一遍又一遍听我们试讲，帮我仔细斟酌论文的每一个字。十年的农大求学生涯，终于交出了一份满意的答卷。

虽然博士研究生阶段的学习充满了艰辛和不易，但能拥有一位具有较高专业水平和理论视野的导师，他能站在一个较高的角度俯视我的成长，能引导我一步步地走上科研的道路，走进知识的海洋，走向与众不同的人生，这是我人生中的一大幸运。

如今，高老师已经桃李满天下，遍布全国各地、各行各业。他用那满头的白发和无数个不眠的夜晚，换来了我们的成长、成才。衷心感谢我的导师高万林教授在六年的硕博研究生学习以及整个课题设计实现过程中对我的帮助和指导。他不断求新和探索科学的精神、敏锐的思维、渊博的知识以及旺盛的工作热情永远是我学习的榜样。

悠悠师生情

——关于徐义田老师的二三事

潘贤丽[①]

我的导师姓徐，我们平时都称呼他为徐老师，私下偶尔会喊他为“老徐”。徐老师四十多岁，不高不矮、不胖不瘦，穿衣风格数年如一日。夏天穿灰色或条纹短袖 Polo 衫，秋天穿深色毛衣和棕褐色夹克，冬天穿黑色羽绒服，常年理着跟我爸爸一样的寸头，是最最平凡的人民教师的形象。

我与徐老师的师生缘分起于大三的时候，当时我们想找徐老师当我们国创项目的导师。我还记得徐老师问我的第一个问题是：“你对我做的东西有兴趣吗?”当年的我对科研充满好奇却没有太多成形的概念和行动力。当年的徐老师给我的第一印象是有些严肃，不太好接触。

就这样六年过去了，现在我已经是徐老师的博士研究生了。在与徐老师相处的这些年里，他在我心里的形象不再单一而严肃，慢慢变得立体和全面。他不仅仅是能耐心教育学生的徐老师，也是遇到紧急的事情也会略微忙乱的徐老师；不仅仅是大多数学生眼中劳模一般的徐老师，也是会揉着眉头跟我说“年龄不小了，该注意身体了啊”的徐老师；不仅是什么事情都能帮学生想办法找方案的徐老师，也是偶尔会有些无奈地跟我们说“这个问题该怎么解决呢”的徐老师。

---

① 潘贤丽，中国农业大学理学院数学系 2010 级本科和 2014 级硕士研究生，现为理学院运筹与管理专业博士研究生，师从徐义田教授。研究生期间曾获国家奖学金、大北农励志奖学金、北京市优秀毕业生、中国农业大学十佳优秀硕士论文、北京运筹学会优秀青年论文二等奖。截至目前，共以第一作者发表多篇 SCI 论文。

我们总是有这样的体会，当我们真正了解一个人的时候，便无法用简单的词汇来形容他。但是他的某些特质，却会在相处中变得愈发的突出和深刻。

一张一弛的教导方式

还记得第一次跟着徐老师做研究，什么都不懂，仍然和以前一样等着老师一步步地教导。可徐老师的方式简单到只有三个步骤：交代任务、设定 deadline、等着验收成果。怎么完成任务，请你自由发挥。所以那时候我与老师的对话大多是这样的。

徐老师："别着急做，你回去好好想这个问题。想什么都没关系，下次讨论课把你想的东西说一说。"

我内心："想什么都没关系，那么，我该想什么？"

徐老师："公式和模型差不多了，开始写代码做实验吧"。

我内心："代码，代码怎么写？为什么我才写了两行程序就开始报错？"

徐老师："可以开始着手写论文了。"

我内心："论文？英文的？我……"

于是，我开始告别看剧、看电影、出去玩的悠闲生活，每天老老实实地坐在书桌前推导公式；在代码第十五次报错的时候，盯着电脑重重叹息，认命地调Bug；整天拉着考雅思的室友问语法和句式……就是在这样的状态下，我完成了自己研究生生涯的第一篇学术论文。当我开心又期待地把论文发到徐老师邮箱的时候，才突然发现徐老师的这种方式培养了我什么：这是一种独立思考问题，学习知识和解决问题的能力，也是身为科研工作者所应当具备的最基本也最重要的素质。

往后的日子里，在做学术这件事情上，大到选择研究方向，小到构思具体研究方案等，徐老师都给了我很大的自主空间。徐老师最喜欢我们有自己的想法，每次听到"徐老师，我有个想法"或者"徐老师，我有个建议"的时候，他都会眉眼弯弯，颇有兴致地期待下文。但当我们心有余而力不足或者主动向他求助的时候，他也会适时地给出一些建设性的意见。

在具体落实的过程中，徐老师的态度却又是一丝不苟的。徐老师第一次修改我写的论文的时候，上面写满了密密麻麻的批注，连标点符号和空格都没有放过；自己建的模型，徐老师会要求我们在大家面前把公式完完整整地推导一遍，确保没问题再继续接下来的工作；答辩或者做报告之前，需要给大家先试讲一遍，然后把大家所有的意见都记录下来，回去仔细修改。最初的我会羡慕别人的自由，后来才慢慢发现这是养成好习惯的必经之路。更重要的是，这是身为科研工作者应当具备的端正的态度：讲求细节，精益求精。

讷于言而敏于行的相处方式

相信每个刚接触徐老师的学生，对徐老师和每周的讨论班都怀着与当初的我一样的心情——忐忑和惆怅："徐老师让我研究的问题，我还有一堆疙瘩没想明白""我的实验怎么都不对，到现在都没弄明白问题的源头""我以为我懂了，可徐老师的问题，我怎么答不上来"。而徐老师对待新学生的态度又着实有些含蓄、内敛，让我们摸不准自己到底表现如何，只好每一次都比上一次更尽力一些。

与徐老师相处久了之后，我才慢慢发现，徐老师只是不太善于表达自己的感情罢了。如果徐老师说："不错"，实际上是"你很棒"的意思。他很少当面夸奖人，但他会在背后教育师弟、师妹的时候说："要像你们的师姐学习。"我也曾亲眼见过徐老师严肃地教育师妹："自己的事应当细心、耐心"，师妹离开之后，又立刻打电话帮她问询，做着这些本不属于他管辖范围的事情。有时候教育完做错事的师弟、师妹，看着他们恹恹的，徐老师会私下不确定地问我，自己是不是太凶了。因为家里的事情，有段时间我整个学习状态都不太对，徐老师察觉之后，询问了几句，我忍不住就在办公室里对着他掉眼泪。那段时间，徐老师总要时不时地交代我两句，又怕说多了反而影响我的情绪。这种小心的态度让我忽然觉得他不再是平日里那个严肃的导师，而是一位暖心关怀我的长辈。

硕士研究生毕业，我决定跟着徐老师继续念博士研究生的时候，对未来还有些许迷茫和踌躇。那段时间，我找徐老师聊过几次，谈我对未来的打算。我把自己能想到的，想不明白的都一一和徐老师说了一遍。徐老师听完后很耐心地一项一项帮我分析、整理，事无巨细。而后关键的时间节点，徐老师记得比我还清楚。例如，如果想申请公派留学，记得关注近期的公告，等等。我对未来四年，甚至更往后的人生规划就是在这样一次次的交流中慢慢成形的。像徐老师说的那样，想明白了才能安心，心安了才能真正沉下来好好做学术。师姐毕业要找工作的那段时间，徐老师会时不时地跟我念叨他心里那些关于师姐往后人生的牵挂和设想。当然，以徐老师的性格，这些情绪他是不会当面跟师姐说的。他只是定时询问一下师姐找工作的情况，需要的时候给出一些力所能及的建议。

就是这样一位嘴硬心软，不善于表达但我们的每件事情都记在心里的徐老师，与他相处得越久，就越能发现他的良苦用心。同时也让我更深刻地体会到为师者在学生的人生中到底扮演着怎样的角色，操的是哪份心，担的又是多大的责任。

从小到大始终觉得老师高高在上、遥不可及，但从徐老师身上，我对高高在上有了不一样的理解。除了扎实的专业素养和渊博的学识之外，徐老师更是一位关心、爱护我们的长辈。我们做错了事情，他会一边生气一边耐心教导；我们做得好了，他会感到开心、骄傲；我们迷茫的时候，他会用自己的人生经验给我们建议。有时候，他也需要我们的帮助，该怎么给电脑重装系统，滴滴怎么预约顺风车，怎么在网上建一个个人主页等等。于是这种高高在上变得不再遥不可及，反而充满了亲切的烟火气。

回想起来，在我与徐老师相处的过程中，其实并没有发生什么重大到改变了我整个人生的事情。反而是那些平凡的学习和生活的琐事，一点一滴串起了这六年的时光。而今，我已经是徐老师所有学生中辈分最大的“师姐”了。在徐老师眼中，我也慢慢成了一位做事、做研究都颇像那么一回事的师姐了。我写的论文不再有密密麻麻的批注；我带着要做报告的 PPT 去找徐老师，他会问我“你还需要我帮你看吗?”；有时候，徐老师甚至会想听一些我的意见作为参考或者找我帮他做一些力所能及的事情。对于这种状况，我既感到开心又有些失落。有时候听到师弟或者师妹说，徐老师找他们谈话，叮嘱他们要如何如何时，会怀念当年问题百出的自己。可是，我也明白孩子总是要长大的。而这些关心和帮助必须得是一个单调递减函数，我们才能真正独立起来，翻开人生下一页的篇章。

现在是 6 月，校园里到处都充满了离别和惆怅。两年以后的现在，我也将离开徐老师和学校，去别处寻找我的新生活。前段时间与徐老师聊天，他随口问了一句：“你有没有觉得这两年我的白头发多了很多？”有些愕然，又有些心酸，想起本科毕业时，柯校长讲的那句“你的青春，我的白发”，用在这里很合适。于我而言，徐老师是陪伴了我整整八年青春的长辈，教会了我许多为人处世的道理和做学问应有的态度，也给予了我仅次于父母的温暖和关怀。我想，大抵这就是为师者存在的意义。而我，希望自己能够认真度过以后的每一天，然后自信地在两年后的毕业答辩上这样开场：“各位老师好，我叫潘贤丽，我的导师是徐义田老师……”

一位老师　一些小事

——记我的老师姚广伟

陶　晗[①]

师生关系是一种很奇妙的联系，它既不等同于亲情，也不等同于友情，但有时候却又掺杂着些许亲情与友情。为师者因这一身份天然地受到尊重，但不可否认的是，许多学生对老师的尊重中总带有一丝畏惧。

我便是如此，尤其在大学本科阶段大多数学生与任课老师相处，欠缺交流，任课老师对学生也不甚熟悉的双向陌生情景中。即使与老师相遇问好，脸上带着的僵硬而不失礼貌的微笑，心里却充满胆怯。但是面对一位老师时却例外，与他问好时，不仅氛围自在心里轻松，偶尔还会磕唠几句，他就是化学生闻风丧胆的物理化学学科的任课老师姚广伟。

姚广伟老师教授我化学专业课将近一年半的课程，从物理化学（上）、物理化学（下）到高分子导论。可能是因为相处的机会多，再加上姚老师本身的有趣与可爱，即使没有非常多的交流，姚老师也给我留下了非常深刻的印象。

姚老师身材不高、较纤细，头发偏灰、偏长，常穿着一身蓝色冲锋衣，即便是寒冷的深冬也照穿不误，以至于每次看到校园里穿蓝色冲锋衣、身材偏瘦的行人，第一反应都是那是不是姚老师。姚老师的嗓音非常特别，穿透力极强，也异常嘹亮，再加上他周身总是散发着极具精神的磁场，总让人很难相信这是位即将

---

① 陶晗，中国农业大学理学院化学系2015级本科生，在校期间获得春雨奖学金、优秀学生奖学金、学习优秀二等奖、学习优秀一等奖等荣誉，多次获得校三好学生等称号。

退休的老教师。这位可爱的老教师的笑容也极具感染力，每次与姚老师打招呼看到的他微笑时，心情都会不由自主地好起来，露出发自内心的微笑。

酷爱举例子的姚老师

姚老师所教授的课都不简单，就单单从物理化学这门课的名称来看，作为“物理＋化学”的结合充分发挥了“1＋1”远大于“2”的“恐怖”效果，稍微夸张地描述就是“低头捡了根笔后，抬头就很难再听懂”的神奇学科。很惭愧地说，这些课程的内容自期末考试完毕后一个星期，我就忘得好像和没学过一样。但姚老师课上那些有意思的例子，我却难忘怀，每次想起来都觉得颇有几分趣味。

姚老师酷爱举例子，尤其青睐“登上月球”这个例子，每次在课上举这个例子时，手总在忍不住地比画。无论讲气体分子运动，还是化学势，总爱用自己有一天突然登上月球来向大家解释，每隔几堂课就要“登一次月球”，有时候一堂课还要去好几趟，以至于到了后来姚老师每次举“姚老师登月”的例子时，讲台下的我们都难以控制自己的笑意。

有时姚老师的例子还非常应景。在新教上高分子导论的时候，恰好遇上新教装修，偶尔会有废物掉落的巨大声响。飞溅的残渣重重砸在那间教室的玻璃上，发出的巨响让一屋子的学生受到了惊吓，几个窗边的女生甚至下意识地往里躲，姚老师的讲课自然而然地被打断了。在同学们心有余悸、不在状态之时，姚老师的新例子却在这一声巨响中诞生了，他应景地决定以屋外落下的废物为例，向我们解释新的知识点。在我们忍俊不禁的笑声中，教室内的气氛得到缓解，我们的注意力也不经意间回到了姚老师所讲的内容中去。课后，我们提起姚老师这个应景的例子，亦是无一不觉得佩服。

姚老师还有个特别有趣的例子让我印象深刻。在讲高分子有序性与柔顺性的一章中，姚老师用幼儿园的小朋友们排排站为我们讲解。他描述了虽然小朋友们很容易就能被抱到队伍里，但是却好动，不会乖乖排队的场景。这个异常可爱的例子除了在当时受到“可爱的会心一击”之外，还让我至今都能够清楚地记得这个知识点。听闻姚老师有个孙子，并且他常会接孙子回家，还亲自为孙子买菜、做饭，由此可知，姚老师一定非常疼爱他的孙子，甚至是很喜欢小孩子，才能举出这样生动可爱、充满童趣的例子吧。想象姚老师带孙子的场景，一定是十分温馨、幸福的。

这么多例子，浓缩萃取出的是姚老师热衷于观察的生活习惯以及积极、乐观的生活态度。这样一位精神洋溢、热爱生活的老师怎么会不可爱、不让人喜爱呢？

很有耐心的姚老师

除了举例子，还有许多与姚老师相关的记忆碎片给我留下了相当深刻的印象。身为一门物理化学学科的老师，姚老师有时能够让人奇妙地感受到他和我们这些普通学生的智商差异。在姚老师逻辑清晰地重复着我们曾经学过的某种计算过程后，看到一片茫然的问号脑袋时，一脸无奈地长叹一口气，然后为我们更细致地、逐句逐字地再解释一遍。但有时候我们也会在姚老师可爱的表情感叹中笑出声。

询问姚老师问题时，即使我在牛角尖中钻出了九曲十八弯，深入地爬不出来。即使姚老师解释了许多遍我依然听不懂，姚老师也只是叹口气，重新找到我钻进去的地方，一字一句地把坑填平，将我脑子里的那团毛线从坑里扒拉出来捋顺。

对学习充满热情的姚老师

与许多生命不息、学习不止的学者一样，姚老师对学习的态度十分认真，并且努力将这种态度传递给我们。姚老师会在课堂上严肃端正、苦口婆心地劝我们，就算我们得到了保研的资格，也要尝试着去经历考研的学习。毕竟考研是能将我们自高考后衰落的学习能力，松懈的学习态度再次拉回到一个高度的宝贵机会。姚老师偶尔也会在课堂上讲述他的学习经历，期盼唤醒我们学习的热情与动力。

“师者，所以传道授业解惑也”，对于学生而言，老师不仅是教导知识、寻求解惑的对象，更是“道”的传授者。姚老师所展现的人生态度、待人接物、学习态度更是需要我们学习的。姚老师所传递出来的那种对生活充满热情，对生活热衷于观察，生命不息、学习不止的态度，让我十分感慨，也颇有感悟。

吾师耘三农　默默绘人生
——记我的导师卢凤君

寇光涛①

您是否与我有着相似的经历。当您外出学习、调研或者工作时，对方问您来自哪里？您说您是中国农业大学的学生或是老师，对方会经常性地追问："您认识某某老师？然后用生动的语言描述他讲课的风格，他丰厚的学识……"中国农业大学一直就有这样一批知名教授，他们用他们肩膀上的责任、内心的奉献精神、求知为民的学识态度撑起了中国农业大学发展的"半边天"。今天我想介绍一下我的博士研究生导师——中国农业大学经济管理学院的卢凤君教授。

他是学术"疯子"

在中国农业大学经济管理学院三号楼有这样一间办公室，这么跟您说吧，这间办公室的耗电量是整个学院最多的。因为卢老师已经把这间十多平方米的办公室当成了自己的家。来过这里的人都知道，里面除了两台电脑，一部投影仪，一个黑板，一张会议桌，十多把办公椅以外，其他全是打印出来的资料，把狭小的

① 寇光涛，经管管理学院管理科学与工程专业2013级博士研究生。在校期间担任班级党支部书记，参加国家级、省部级、地方政府和企业委托课题十余项，曾荣获校长奖学金、国家奖学金、一等专业讲学金、优秀毕业生等荣誉；以第一作者身份在《农业经济问题》等杂志上公开发表核心期刊十篇，撰写课题报告二十多篇，参编论著两部等。

办公室堆得满满的，真可以说是堆积如山。卢老师只要不出差，在每天上午9：00以前会准时来到办公室，开始他一天的工作。他在这里完成的工作主要是对外的农业战略规划咨询、系统分析和逻辑推导，带领学生们一起探究“是什么，为什么，怎么做，缺什么，补什么”等问题。一般情况下，他每天接待的外来人员的频次都在三次左右，其中有政府人员、企业负责人、协会领导，当然也还有一部分的中国农业大学的老师和学生。很多情况下，上一批还在恋恋不舍中吸收知识营养之时，下一批已经提前到达，十几平方米的办公室经常容纳二十多人。有些时候白天实在排不开，就会安排在晚上，卢老师工作到晚上10:00多也是经常的事。

卢老师的课题项目多，去外地调研、出差是常有的事，为了挤出时间，他每次都是从机场直接打车回到办公室，开始接下来的工作。有时候他实在累了，等到客户走后，就干脆坐在他那简单的办公椅上眯十分钟，然后继续投入工作。了解卢老师工作习惯的人都觉得这很“疯狂”。在学术讨论的过程中，卢老师对待我们每一个研究生都十分严格，希望我们能够多了解和探索社会发展的新需求，多探究事物背后发展的原理和机理。因此，卢老师的研究生在办公室接受学术训练期间，练就了两项基本技能，这两项技能也会帮助你在日后的学习工作中占据较强的优势。一项是每次会议之后需要整理会议纪要，锻炼你的系统思维能力和文字表达能力；另一项是在会议过程中老师会不断提问，锻炼你的语言表达能力和知识运用能力。很有意思的是，有时候在和卢老师一起吃饭他也会提问，就像卢老师说的“很多事情是饭桌上谈成的”，我们必须时时刻刻总结自我，提升自我。所以做卢老师的研究生，你会感到很“充实”，但也很“紧张”，但接下来你会发现你的收获是满满的。

他是教学“狂人”

初识卢老师时，卢老师还有本、硕、博的课程，随着学科的调整需求和卢老师的个人申请，目前他仅保留了本科生课程——人力资源管理。卢老师很少调课，很多和卢老师长期合作的伙伴都知道卢老师周一和周三是有课的，上课对他来说不仅仅是义务和责任，而是心底里“教书育人”的那份初心。卢老师晋升教授有二十多年了，但他时常说：“学生的需要和社会的需求都在交织变化和演进，我很担心课上不好。”开课之前，他会抽时间去书店为学生选书和买书，然后是备课。卢老师一贯是这样备课的：他会翻一遍教材，然后是修订教案，结合当前的新形势，修改、完善课件，有时候还会事先在办公室讲一遍。他非常重视理论与实践的有效融合，他说社会人才需求和学校供给学生的不匹配问题，其主要原因在于学生总是站在自己的角度来思考问题，所以，他在课程讲授的过程中会穿插大量的实践案例，从社会当前人才需求出发，注重人才培养过程中的价值增值。

课后，总有学生向卢老师咨询问题，这些问题涉及课程内容、就业指导、职业规划。卢老师也总是不厌其烦地进行分析。卢老师的特点是从不为别人做决策，但帮你分析，让你自己得出一个满意的结论。当然到了饭点，东区公主楼餐厅就成了卢老师经常请学生吃饭的地方，连公主楼的服务人员都知道，卢老师常常自己花钱请“孩子们”在这里吃饭，帮他们解决问题，你说是不是很“疯狂”。我们有时候就问卢老师：“有必要这样做吗?”老师的回答是：“假如我的孩子上大学，我也希望老师们可以这样帮助他、指导他。”所以做卢老师的学生，你会感到跟“踏实”也很“满足”，你时刻会被卢老师满满的正能量所感动。

他是社会服务的“大家”

初识卢老师是在2009年的昆明，很多的同行的老师们都说卢老师不仅是农业规划领域的专家，同样是农业系统工程领域的“大家”。他的研究方向是系统分析与战略决策，既有宏观战略方面的顶层设计，又有微观策略方面的方案指导。在项目经费申请方面，卢老师感兴趣的课题没有经费支持，他也会积极主动地去研究探索，他觉得对社会发展无用的项目，给他资金支持他也不会去做，用他自己的话说“那是浪费纳税人的钱”。据统计，近五年卢老师开展涉农领域发展专题讲座和培训100多次，累计培训企业管理者、地方干部和科研人员等，超过2 000人。其中既包括温氏集团、中粮集团、首农集团、汇源集团、五得利集团等强企、大企，也有云南、贵州、广西等偏远山区的农民，在卢老师的心中对他们都是一视同仁，都会尽全力去帮助他们分析问题和解决问题。

上述服务中，很多情况下是没有工作报酬的，有时来回的路费都要自己承担，但卢老师觉得值得。用卢老师自己的话说，“我能到走到今天，身边很多朋友给了我很大的帮助和支持。因此，我也要努力去帮助别人，这就是人生的价值所在。”有意思的是，很多企业负责人在听完卢老师的讲话和分析后，第二天经常会说“一宿没睡”，当然有的来自兴奋，有的则来自苦恼，更多的是卢老师的分析说到了他们的心里面，引起了心底的共鸣。不得不说，此时此刻我们为卢老师感到自豪，觉得卢老师特有“范”！当然，很多时候卢老师出差回来都会惦记着我们这些弟子们，他会带些特色农产品，但他从来不会拿回家，都是带到办公室，一则为企业做个宣传，二则也是学生们的一种“福利”，所以做卢老师的学生，你也会感到很温馨、很幸福。因为有一位像父亲一样的老师在时刻挂念着你，关心着你。

上述三个“称号”并不是来源于我，而是时常听到卢老师身边的朋友们这样称呼的。卢老师在日常生活中表现出来的淡泊名利、默默付出的工作方式，深深地影响着我们。曾经在我的博士研究生论文的感言中，我这样写道：“导师对待科学研究表现出来的求真务实的科学态度、系统严谨的思维逻辑、攻坚克难的创新态度、服务社会的奉献精神以及追求完美极致的工作方式，都让我无比钦佩，也激励着我克服研究中遇到的种种问题和困惑。他教授了我太多专业必备知识以及做人、做事的道理，要求我不断认识自我、管理自我和发展自我。”这是读博的这几年间，我发自内心的一种理解和感悟！

卢老师今年五十八岁，不到两年就要退休了，他在中国农业大学已经工作了三十三年。中国农业大学百年的发展历程，见证了像卢老师这样一大批前辈的心血与汗水，中国农业大学辉煌的过去与他们默默的奉献与付出是分不开的。虽然我成不了学术“疯子”、教学“狂人”或社会服务的“大家”，但是我想说，我们一定会以你们这一批教授为模范、为榜样，时刻不忘“解民生之多艰，育天下之英才”的使命，在自己普通的岗位上踏实、努力地工作，热情服务，勇于探索，为中国农业大学的明天奉献自己的青春，贡献自己的力量！让我们一起加油吧！

从游五载　师恩绵长
——记我的导师肖海峰

田聪颖[1]

习总书记说，一个人遇到好老师是一生的幸运。而在大学这样一个重要的人生阶段，能遇到一位品格和学识上的领路人更是何其有幸。我能跟随我的导师——肖海峰教授度过五年的学习时光，无疑是幸运的。清华大学原校长梅贻琦在《大学一解》中曾说："师生犹鱼，行动犹游泳，大鱼前导，小鱼尾随，从游既久，其濡染观摩之效，不求而至，不为而成。"我的研究生生涯正是这样一种"从游"的过程，肖老师的勤加教诲使我的学识得以精进，同时肖老师的道德文章、言传身教也激励着我去兢兢业业地工作，清清白白地生活，坦坦荡荡地做人。

时光荏苒，岁月如歌，如今我已迎来毕业，并于2018年6月取得博士学位，离开母校，踏入新征程。"落其实者思其树，饮其流者怀其源"，回望攻读博士研究生的岁月，深感师恩难舍。那些与肖老师相处的点滴，铭刻在记忆深处，如电影画面一般，一帧帧在眼前重播……

---

① 田聪颖，中国农业大学国际经济贸易专业2013级本科生，经本校保送攻读农业经济管理专业的硕博连读生。2016年在党支部的推荐下被授予校级"优秀共产党员"称号。硕博期间共发表八篇学术论文，其中四篇CSSCI（中文社会科学引文索引），以优异成绩连年获得一等奖学金，曾荣获"三好学生"称号，并被评选为2018届校级优秀博士毕业生。

初入师门，攻过箴阙警醒梦中人

2013年，我在中国农业大学国际经济贸易专业获得学士学位，并保送本校硕博连读。彼时的我，懵懂稚气、莽莽撞撞。无知，因此无畏，凭着本科学习期间自以为是的“小有成绩”，希望在学术舞台上大展身手，大有“初生牛犊不怕虎”之感。然而实际上，当时我对于论文创作仅是凭着一腔热血，毫无章法可言，加之粗心莽撞，写作逻辑不清、错误百出，但自身却毫不察觉。

进入师门后，第一次独立完成写作任务，信心满满地交给肖老师，内心深处还隐隐期盼着能得到肖老师的认可。想不到第二天收到肖老师的邮件回信，赫然几个大字：“问题很多，去办公室同你讲”。这似乎是从头浇下一盆冷水，诸多疑惑不解萦绕于我心中。随即打开肖老师批阅过的文章，满页的红色批注，圈圈点点，从行文逻辑到语言表述甚至标点格式都做了修改，让我顿感羞愧的同时，也给了我极大的震撼。从未想过，大学教授会如此细致认真地指导学生，对肖老师的敬佩之心油然而生。当天心怀忐忑地来到肖老师的办公室，自以为已经做好了接受一切批评的准备，却发现肖老师的严厉程度远远超出我的预料，眼泪几次几近夺眶。因而我对肖老师有了一丝惧怕，更担心他会对我有成见，以为自己惹老师生那么大气，必定是“结下了梁子”。没想到几天之后的教师节聚会，肖老师待我如初，依然满目春风，这给了我极大的鼓舞，也下定决心要做出个样子来。

对于肖老师的严格要求，当时的我自然是无法完全接受与理解的，然而当我回顾自己的成长，才知道每一次严厉的批评都弥足珍贵，它不带有一丝丝的攻击，而是一种充满善意的提醒和帮助，鞭策我成长，督促我进步。

学术路上，言传身教润物细无声

硕博期间，我参与了导师主持的“国家绒毛用羊产业经济研究项目”。在此过程中，我深深感受到并折服于肖老师严谨的治学态度。由于我国绒毛用羊养殖主要集中在我国的一些相对不发达的地区，因此，这些老少边穷地区也遍布着我们调研的足迹。我们去过青海省海拔 3 000 米以上的青藏高原，也去过四川省阿坝州人均年收入 2 000 元以下的国家级贫困县……调研所到之处多数地处偏僻，条件艰苦，交通不便，而每次调研肖老师必亲力亲为，事必躬亲。

记得有一年夏天调研，天气极其炎热，我们一路长途跋涉，抵达一处村庄，参与调研的农牧民老乡们已经在等候我们，顾不得休息，肖老师就带领我们直奔过去。由于当地办公条件简陋，老乡们就近集中在一间废弃的小学教室里。我走进教室一看，满屋厚厚的灰尘，角落堆着几张破旧的书桌。由于肖老师常年伏案写作，腰有劳疾，不宜久立，但屋子里连可以坐的地方都没有。我想出去给肖老师找把椅子，却被肖老师制止了："不能让老乡们等太久，抓紧干活吧！"即使在这样的条件下，肖老师还是带领着我们认真地做完了每一份问卷。中间很多次，我望向肖老师，看到他费力地站着，勾着腰，满头的汗水，耐心地询问、记录……正是肖老师这样的言传身教，让我深刻体会到，做研究来不得半点虚假与含糊，也由此更加激发了我"服务三农"的社会责任感，明确了研究生期间从事农业研究的出发点：立志让自己的感悟、思考与行动能给农村和农民带来一些变化，哪怕是再微小的。解民生之多艰，力虽薄而不弃。

离别在即，依依不舍浓浓师生情

肖老师是一个豪放耿直的"内蒙古大汉"，可在我们学生身上却也体现出细腻的一面。肖门同门多是外地人，孤身来北京求学，每到团圆佳节，便不免会勾起思乡之情。不知从何时立的规矩，一到了节日，肖老师便会做东，请学生们聚在一起，吃上一顿大餐，暂放下那些惹人情思的乡愁。因为肖老师的关心，这五年来在学校度过的每个佳节，都是热闹而快乐的。以后皓月当空的日子，我定会回忆起这些年来的点点师生情，就像十五的那轮圆月，明媚的光辉永远荡漾在心底。

在习总书记的眼里，好教师是一个人一生的幸运，是一个学校的光荣，是一个民族的希望。然而如今，传统的师道趋于式微，接连报道的高校负面新闻通过网络不断加以放大，持续引起公众对于扭曲的高校师生关系的不满与愤怒。然而，正是有很多像肖老师这样的良善之人，还于自觉或不自觉中传承了传统教育中的优秀遗产，在授业的过程中传道，更以光风霁月的人格和精神，成为学生人生路上的灯塔和启明星。

时光匆匆　感动常在

——记我的老师张希玲

谭凌佳[①]

作为会计专业一名“不专业”的学生，我对会计学的课程从来都是“闻风丧胆”。原因无他，唯太难尔。从大一的初级会计学开始，我就迷迷糊糊地只会背“有借必有贷，借贷必相等”。考试之前，我还得拼命多看两眼成本费用类科目是“借增贷减”，还是“借减贷增”，才肯依依不舍地把书交上去。

到了高级会计学这门课程时，我深感不能再浑水摸鱼了，下定决心，一定要好好学习。2017 年 7 月，刚从台湾大学交换回来的我，已经整整一个学期没有上过任何跟会计学有关的课程（因为台湾会计制度和中国有所差别，故没有选课）。于是在开学前的暑假，我提前买好教材，开始预习高级会计学。非货币性资产交换、融资租赁、财务报表，每一章的每一个字我都认识，可是连在一起就变得让人摸不着头脑。带着紧张的心情，我迎来了张老师的课。

张老师全名张希玲，是会计系的副教授，20 世纪 80 年代北京大学毕业的高才生。学生们口中“答辩时最怕遇到的老师”之一，因为她犀利的言辞和精准的提问会让对所研究课题不熟悉的同学“现出原形”。虽然我没有上过张老师的课，但早已听过张老师的“江湖”名声，此刻终于能亲身体会，紧张之外，更多是

---

① 谭凌佳，中国农业大学经济管理学院会计 2015 级本科生，担任班长，以优异的成绩完成本科学习。同时，在担任羽协会长期间，多次协助工会、校友会等部门举办大型羽毛球比赛，为中国农业大学羽毛球爱好者提供了竞技交流的平台。

期待。

张老师不愧是哲学系的研究生毕业，讲课逻辑非常清楚。高级会计学涉及的知识是会计里不常用的领域，不是每家公司都会用到，内容生僻且难懂。但跟着张老师的课堂学下来，一节课逻辑非常清楚，讲课的时候会伴随着提问，被点到的同学往往都是颤颤巍巍地起立，在张老师的“循循诱导”下一步步说出自己对问题的理解。

前几章的内容还稍好理解，下课后，我常常会有问题想与张老师探讨。不管我如何描述自己的问题，清楚或者不清楚，她总能一语中的，说出我不理解的症结所在。其中有的是会计制度的设计使然，有的是题目表达不清所致。这些问题大多是无法自己思考通透的，经过张老师的点拨，很快能理解到问题所在。在回答问题这方面，张老师可真是和答辩提问的风格一致：快、狠、准！

某一天上课前，张老师突然神秘兮兮地把 PPT 缩小，调出一个二维码。同学们都面面相觑，有的同学扫了一下后惊呼：“是题目！”大家都惊呆了，还能有二维码的课堂小测？张老师嘿嘿一笑，用她那洪亮的声音说：“快做，限时五分钟！”会计系的花朵们都大惊失色，慌忙地左手拿手机滑动着题目，右手匆忙算数。高级会计学的题目大都题干长、选项短，往往读到最后就已经忘了开头的条件。要是不熟悉教学内容，还真不是一般人能做出来的。

这样的课堂突击小测还不只有一次，以至于同学们平时都为高级会计学拼了小命，能用的时间都贡献给了她。可是“道高一尺，魔高一丈”，张老师的题目在提交后就会立即显示分数和每题解析，永远能检查出你的短板，可谓用心良苦。

时间快速前进，马上要期末了，正在学习融资租赁的我们却被派了一个别样的任务：根据某上市公司的真实案例写一篇报告并展示。比起课堂小测，这才是对我们真真正正的考验。张老师提前为我们准备了详细的事件经过，但是这中间孰对孰错，我们需要自己去证监会的网站、去公司的网站、财务年报中找蛛丝马迹，然后凭借所学的知识来猜测公司是如何处理的，判断这样处理是否合理、合规，猜想为什么要这样处理业务。

习惯了题目给定条件，我们对着答案依葫芦画瓢的做题方式，突然要我们处理这样一个没有标准答案的真实案例，可谓是调动起了我们全部的激情。小组的同学们绞尽脑汁，对公司年报中有关的披露逐一分析，仔细翻阅他们在网上的公告，就好像是上战场一样。当然，经此一役，我们也发现自己的知识“武器”还太脆弱，离开题目，面对现实的时候差距还太大，也侧面鼓励我们多多学习课堂之外的技能，不要只做课堂上的小书呆子。

期末考试前，张老师额外增加了答疑时间。我平日里有过答疑，所以我的问题不多。最后一次答疑就去得早了些，在办公室门口等了五分钟，张老师就来了。她先处理了一些学姐的事情，刚要跟我说话时，同学们陆陆续续就涌进来，很快就把整个办公室都填满了。大家聚在一起窃窃私语，整个空气都变得躁动起来。

我很害怕在别人面前答疑，所以才喜欢那种和张老师在办公室你一言、我一语的探讨方式。我很不擅长考试，复习的时候不去抓考试的重点，反而喜欢思考一些逻辑性的关系。其实这些东西不问是完全可以的，因为就像考驾照一样，你只需要知道什么时候该打方向盘就不会压线，就可以通过考试了，多余的问题会影响学习进度。我害怕我的问题在同学们听来是不可思议的。所以我对张老师笑笑说：“老师，我今天还是不问了。”张老师也笑着说：“怎么，怕别人听到你的问题呀！”同学们也起哄，我更加不好意思，把书本一盖就仓皇而逃，后面的同学很快把老师围住。出来后我觉得很不好意思，一个学期了，承蒙张老师的关照太多太多，最后都没有好好去感谢。于是便通过微信跟张老师说明缘由并表示感谢，却没有想到在答疑结束后，张老师却发微信跟我道歉，说要是早知道是这种原因，该提前给我答疑，不该先给师姐说事情。

那一瞬间，张老师的认真、真诚狠狠地撞进我的心里。我从来没有想到会有一位老师对我如此关怀备至，甚至会愿意跟我说出“对不起”三个字。简单的言语无法表达内心的感动，我郑重地对张老师表示谢意，并表示会好好复习考试，让张老师千万不用担心。

虽然我和张老师的交集就只有短短的一学期。但是跟随着张老师学习的每一个时刻都是那么的宝贵和珍惜。后来时常路过张老师的课堂，看着她还是笑容满面地站在第一排同学前，抑扬顿挫地给同学们讲课，就很想再进去听张老师讲一次课，被张老师提问一次，再向张老师请教一个问题。可是我已经大三结束了，大学的课程基本结束了，不只是张老师，还有许多其他亲切的老师，都没有机会再上她们的课了。一想到这些，就觉得时间的流逝是无情的。但是与老师们相伴的记忆却是真切的，每一个老师认真讲课的模样，全部都深深地记在我的脑海中。

如果说时间的流逝不代表失去，而是代表拥有。那么我真的很幸运，能在老师们的陪伴下，拥有在中国农业大学的学习时光。

师情似海　念念不忘

——记经济学启蒙老师王文信

胡晨曦[①]

在我未及成熟的年岁里，有一群匆匆而过的行人。只是他们手里提着一盏灯，照出我不自知的蒙昧。谢谢这些灯火，指引我跌跌撞撞前行在错综复杂的人生巷陌中不至于迷失；谢谢那盏灯火，在团团光明里格外璀璨，让我有力量和信心走出自己的一路星光。谢谢您，王文信老师！

师恩如山，师情似海，岁岁朝朝，终不敢忘。

起热情于讲台

从小学起就有一个我们都熟烂于心的比喻——老师犹如一支蜡烛，燃烧自己，照亮别人。老师在课堂上的全心全意地付出，即使身体上有着些许的不适，他仍然挺立地站在三尺讲台上为自己的学生传授自己所学、所知、所探究的知识。

在大一上学期时，王老师即使患有感冒，嗓子无法发出像之前那样洪亮的声

① 胡晨曦，中国农业大学烟台研究院市场营销 164 班本科生，曾获学习优秀二等奖学金，美国数学建模大赛（MCM/ICM）Honorable Mention 奖，全国大学生英语竞赛（NECCS）三等奖，多次参与志愿者活动。

音来讲课，他也仍然坚持着为我们讲授微观经济学。在课前谈心的时间里，我们了解到王老师最近一直身体不适，去医院进行检查后，正在等待结果，同学们都颇为他担心，但他只是笑一笑说："现在还没有事情，咱们开始上课。"一转眼，我们进入了大一下半学期，王老师的检查结果显示他的体内长着一个肿瘤，需要进一步检查和治疗，而这时王老师仍然在为我们上课。最后在必须要做手术切除肿瘤的时候，王老师在课上一度向我们道歉并解释说这个手术安排上就必须要去做，大家不用担心，而且会找其他老师来代课，不会有任何的耽误，此时坐在位置上静静地听着的我们，心里已经是满满的感动以及为王老师真挚的祈福。

除了给我们教授基础的微观经济学以外，王老师也立足于自己对农业经济方向的研究，不断汲取新的知识，不断进步。他关注时事，凡是与农业经济有关的知识，他都有浓厚的兴趣。我仍能记得那个稍稍暗淡的灯光，为了突出 PPT 而拉上的窗帘旁，王老师站在讲台上，那双因兴奋和激动而闪烁的眼眸。我们知道，他热爱农业经济研究，引以为傲，他想尽最大的可能将他的知识、他的研究传授给我们，很多时候我们并不理解。因为这是与考试和课本无关的东西，略显"无用"。他有些无奈，可还是滔滔不绝地讲着。王老师希望我们能了解一些甚至是皮毛也好啊。

如今想来，王老师带病坚持上课，这是他想拓展学生的经济视野，这些都无不凸显了他的强烈责任感和对学生的浓浓爱意，面对这么一位认真对待自己的课堂和同学、敬业奉献、师德高尚的老师，我们有什么理由不感动。

显温和于相伴

都说细微之处见真情。几件小事是王老师对我们关怀的美好写照。

我们大一初识的冬天，干燥的冷风和盛行的感冒折磨了不少同学。许多人顶着昏昏沉沉的脑袋，带着大包的纸巾走进教室，例行点名答到。王老师却在开课不久的某一天跟我们说："感冒不舒服就不要勉强来上课了，好好休息才能好好学习，也避免传染别的同学，感冒的同学可以不请假，我现在准了。"要知道点名是多少"游击"同学的梦魇，不点名可是冬天里的我们多么翘首以盼的事情啊！我们当即赞许的欢笑起来。可是后来的宏观经济学课，教室里总是座无虚席，大家走在路上如箭离弦，生怕抢不到前排，不能与王老师互动，来得晚的同学只能在人堆里找个空位挤挤坐下。后来我们才知道，王老师身体一直欠佳，可还会关心学生的感冒，那时我们对他的身体状况却毫不知情。总之，王老师的课不会冷，他温暖的笑容、负责的态度和亲切的话语让我们忘记了窗外的严寒。

微观和宏观经济学有很多需要理解的图表和理论，有时候课堂上跟着王老师的步伐，我们可以听懂，到了课下自己复习做题时，总会遇到不懂的地方。后来，王老师给我们规定了答疑时间，我们可以去找他，不方便的也可以通过线上方式向他请教。有的同学当堂课不懂的地方下课之后直接问他，我们的课都是上午三四节或者下午七八节，尽管到了吃饭的时间，但王老师每次都会很有耐心地给我们同学讲解清楚明白。为了巩固课堂学习成果，王老师会给我们布置一点课后作业，每周上交一次。但王老师每次几乎都可以在下次课，即周四那天把批改的作业给我们拿过来，发下去。王老师不止教我们两个班，他也有其他的工作，但每次对我们的作业批改都很仔细认真。作业纸上一般都是密密麻麻的数字，但王老师对每个细节都看得很认真，对我们的书写错误都圈出来。如果近期哪个同学作业不理想，王老师会亲自联系他，谈谈心，明确他的具体问题，再逐一进行解答。

记得有一次随堂小测，考的是王老师刚讲过的一个重点，大家答得并不理想。第二节课答卷发下来的时候，王老师一脸焦急，他说："这个重点我上节课不是讲过了吗!"语气里有些责备，"你们学成这样可不行啊……"旋即拿起了粉笔，也不顾刚擦下的纷纷扬扬的笔屑，在二教的小黑板上奋力写写画画。他又把公式耐心、详细地讲解了一遍，那副和颜悦色、循循善诱的样子，好像是第一次讲到这个课题一样。时间不经意间溜走，下午的阳光悄然挪移照射在他的脸上，"现在你们都明白了吗?"他问。得到满意的答复后，王老师欣慰地笑了笑，开始了新的课。那天傍晚的夕阳很美，王老师的笑容在金色的夕阳里熠熠生辉，如今回想起来仍记忆犹新。而如今我也明白了，那不仅是王老师的笑脸，那是一种能温暖我们的力量，好像在心底支持着我们前行。

又是一节宏观经济学课，应王老师的要求，小组研究课题后派代表演示PPT，限时八分钟。四组的同学准备的内容特别充实，主讲人兴致勃勃地讲了二十分钟时，王老师说可能时间不够，要拖课时进度了，可还是在一旁认真听主讲的同学讲完课题，并不时与大家互动，为同学们指点一二。王老师问：“我们需要加课时讲解吗?”虽然我们不支持加课、补课，但被课题研究挤掉的进度，在以后的课上也在他的不断努力下迅速补了回来。

时间不紧不慢地走着，我们与王老师愈发熟悉。我们营销四个班一百二十多人，大一上学期我们在一个大教室上课，微观经济学这门课又是我们非常重要的专业课之一，王老师一直担心我们这样学习效果不佳，坐在后排的同学注意力很容易分散，上课时王老师经常问一下后边的同学是否听懂。时间到了大一下学期，在王老师的尽力申请下，下学期宏观经济学开了小班课。两个班一起上，他认为这样更有利于我们的学习，很幸运我还是跟着王老师一起上课。王老师经常说“小班授课，班级好管理，大家课堂效率也提高了不少，学习真的有很大进步。”王老师这时候脸上总是露出欣慰的笑容，我们看着，心里也是无比自豪，像是一个孩子得到了家长的鼓励与夸赞。

我们感谢他的包容，也敬佩他倾听我们漏洞百出的知识讨论，珍视我们不成熟的思想；我们爱戴这样认真负责的王老师，更为他关爱学生的品质真心感动。十分感激王老师的关怀，我们会铭记他的教诲，带着他的殷切期望走向远方。

立淡泊于胸间

王老师有着山东人特有的朴素和直爽、开朗，也许是因为我们院的同学与他皆为“老乡”，每次听着他用稍稍带有方言的声音讲着经济学，都让同学们备感亲切。

印象中，每次见他总是套着再简单不过的白色衬衫，冷时便加件深蓝色的外套，一成不变的黑裤子仿佛从冬天穿到夏天，我们私下开玩笑讨论他是不是有多条相似的裤子。脚下半旧的黑色皮鞋一点也不起眼，有的时候甚至还会沾染一丝灰尘，诉说着他风尘仆仆跑来上课的身影。我敢说要是把王老师放在人群中，绝对看不出他是一位备受尊敬的大学老师。有次上课，也许是苦夏难耐，同学们昏昏欲睡，他在上面一字一句，一如既往地讲着，却一点也不着急。过了一会儿，他突然停下了讲课，看着我们，轻轻笑了笑，仿佛在说“这群小鬼!”也许是想给我们提提神，他侃起了题外话。他讲起有个著名的电视台曾经专门请他去讲课，犯困的同学们都不由自主地被他的话吸引去了。“一节课给我八万我都不去哩!”果然，教室里哄堂大笑。同学们的困意瞬间被赶跑了。我不知道他是不是在开玩笑，但他不慕名利的淡泊很让我佩服。

许久未见的王老师，您还好吗？记得您曾提过，您的体检结果不太好，您为了给我们上课，耽误了进一步的检查，您一定要注意身体，我们都很想念您。三尺讲台需要您，我们的学校需要您，我们的祖国需要您这样的好老师。

师恩如山，衔草难报。无论以后行多少路，做多少事，不敢忘老师曾在自己的青春岁月中默默助力，留知识于头脑，立人格于心间。以我观我，则当自省；以师观我，则当求索。钟声未远，水塔依旧，因老师的教诲常在，所以每当面临选择困顿之时，不至于空空如也赤膊相对。生活的书页掀开一角，我会做一个出色的大人。群山之间，拾级而上，在山巅看到更广阔的风景之后才恍觉，这缄默的巍峨，定义了师的容颜。

传道解惑　润物无声[①]

——记我的老师孙庆忠

王　琦[②]

孙老师本人并不认同这份推崇，我甚至可以回忆起他的嘴角露出一丝苦笑的样子，觉得自己还没有如此好，认为我给他施加了新的压力——我写的孙庆忠老师好像在脱离了那个现实中的他——我不了解他的生活，除了教学工作以外的很多其他的事情。这些话只是浓缩过的一些在他身上的典型的符号，那些老师的符号。

真的不敢说我是了解孙老师的，和那些被他摸过脑袋的人一样，我只是喜欢他的一个学生，一个被他影响了的学生。

十三年前，在大学课堂上，我有幸遇到了这样一位美好的人，一位美好的老师。他是社会学系的孙庆忠老师，教我们“民俗学”和“人类学”的专业课老师。有人曾对我说，我有一个优点是人性化，我感到很开心，因为我也是这么理解孙老师的。在我们的眼里，他正是一个极富人情味的人。

---

① 此文原本是2005年中国农业大学魅力老师评选时的一篇介绍人文与发展学院孙庆忠老师的文章，结果只怪我拖沓的习惯而错过了截稿的时间，当时我懊悔不已，因为孙老师绝对有那种令人倾倒的魅力。毕业十年，感谢中国农业大学再给了我一次机会将赞誉献给恩师。

② 王琦，男，中国农业大学人文与发展学院社会学专业2003级本科生。初入象牙塔，放松自我管理，未成一事，未得寸功，幸遇孙庆忠老师和一众好友，得以丰富我的视野，明确未来方向。现在是一名人民警察。

他真诚的劝诫会让你因为上课迟到而羞愧。他尊重你的言行，然后也请你尊重他。倘若你编织好关于懒惰的借口，会被他用关怀识破，然后又用关怀填补好，任它消散在彼此更为浓厚的信任之中。他的品德总是藏在平常的教学中，不经意间被感触，使我们学会一些为人处事的道理。

在受他品德熏陶的同时，我们也在吸取着他传授的知识。你难免不陶醉于他精心准备的关于民俗风情的“山水画”里。一整堂课，我们全身心地投入去欣赏这些用语言描绘出来的知识的美，然后我们会马不停蹄地记录下那些残存的印象，以免因目不暇接的文学之美而错过关键的线索——那是能解开是什么使这门课程显得如此睿智且充满了神秘感的钥匙。

你根本不会浪费时间在寻找课程中枯燥的地方，以期安慰自己的虚度光阴。他串联的每一处文字都以语言上的美、内容上的美、逻辑上的美，甚至是余韵上的美来“搭救”你，偶尔温言软语，催促你投入到人类学宝藏中，而你竟然不会产生审美疲劳。因为这是孙老师在了解你最大发展空间的基础上安放一个“处心积虑”的支架，你的思考就是利用这个“巨人肩膀”所做的一次自主创造过程。你在他的课堂上获知了民俗之美，发现了为学之美，这时他就站在我们刚刚推开的那扇门后，引导我们继续理解和重塑生活之美。

他向来不会把一头“大象”摆在讲台上或黑板上，让我们这些刚入门的懒“盲人”来摸。他所操作的学习形式就像姜太公的鱼饵，引诱我们这些愿上钩的“鱼”。究其原因，其实他理解我们，所以尊重我们，最后诱惑我们津津有味地品尝他为我们精心准备的大餐。用学识去打动人并不是一门绝活，我曾经自鸣得意地把一些关于习俗的见解灌输给那些不谙此道的人，从而得到一些钦佩的言语来满足自己，言者谆谆，听者藐藐。可是如何让人对一门课程产生浓厚的兴趣，在接受知识的同时，理解深刻的理性之美，而且能听出其中顿挫之声、铿锵之音，不得不说这是一门艺术。孙老师正是拿捏住了振聋发聩与沁人心脾之间的度，进而润物无声。

他总能厚积薄发，不似有些不负责任的人依葫芦画瓢或现学现卖。他所讲述的民俗学有发怀古之悠叹，尚可得今世之共鸣，这般学识着实让人敬仰！他的学问他的人性和品德愈发显得亲和，贴近学习中的我们，贴近求知的心灵，贴近那种最能被接受的表达。他的品德又因他渊博的学识而更为深沉，珍惜生活中的我们，珍惜美好的情感，珍惜一颗颗年轻而易冲动的心。

在历史的长河中应该有这样的场景：睿智的苏格拉底坐在小酒馆门前的小桌子旁，跟那些敬仰他的学生们说："今天我们谈智慧"；在一户农舍之后的石坪上，孔子正循循善诱地告诉弟子们："与朋友交，言而有信"。在孙老师的教学中，恐怕都不是这般得直露。一位同学曾经在第一堂课时提出要求——"希望在课堂的学习中得到一些课堂以外的知识"。他熟稔此道，就好似那传说中描述的，佛祖拈花，迦叶一笑……

在讲述人生仪礼的时候，孙老师找来了二十四孝全图，不遗余力地详解每一幅图、每一个故事。从孝感动天的舜、亲尝汤药的汉文帝这样的君主之孝，到弃官寻母的朱寿昌、涤亲溺器的黄庭坚这样君子之孝……，他拈起了"一朵花"，我们若有所思地含颌点头，不由自主地笑了。这是心与心的沟通，一次道德上的醍醐灌顶！不仅使我们在考试时能从容作答"礼"的内涵，也完成了生活早已发给我们的试卷。这是他以其特有的教育理念传达给我们的人间正道。

就我个人而言，总无法忘怀他对我的教诲与鼓励。求学期间，还常自私且自负地想，这份青睐最好为我独享。可是当私下里和同学们谈及这位可敬的老师时，会不无嫉妒地发现，同样的尊敬、同样的爱根植在他所有学生的心中。他一向被女学生们认为是"重男轻女"的，恰如他时不时含蓄地表现出对男同学更多的期望，以至于遭到女孩子们所独有的撒娇似的抗议，同时还有因成绩排名普遍不高的一度很难抬头的男同学的力挺。其实我明白他的期待——在即将面临的社会中，男人需要更多的担当，需要自信地面对现实的挫折和困境。既然受到"不公平"的待遇，我以为女孩子们会带着一些不同于我们的心态来看待这位可爱的老师，可惜的是，情况并非如此。当我谈及这种想法——"你们女生一定不怎么喜欢孙老师吧"，那位女生一改之前的侃侃而谈，正色说道："那我为什么选择去报人类学专业的研究生呢！"反问是一种强调句式，也是令人难堪之气氛的起始，更是一起向回忆伸出敏感触手的开端。我发现可爱的她们在心中对他都各有一份坚决、一份坚持，丝毫不亚于传闻中我们这些受其优宠的男孩子。

到了准备考研的关键时期，回想他鼓励我考研时所说的那番话，他仿佛就站在我们的面前，说到追求理想，说到坚定信念，说到被存在主义哲学家加缪重新阐释的西西弗——那个充满意志力的英雄，为了嘲笑众神强加给他的苦难命运，日复一日地把巨石推上山顶。再来面对挫折，反而令我越挫越勇。

就这样摸爬滚打十三年，执笔再忆师恩，我仿佛又一次穿越到了中国农业大学的课堂上，笔尖一次次传来的悸动，但又强行予以克制。唯恐读者阅毕，盖上一个红戳，依旧将之定性为一个涉世未深的大学生被崇拜之情冲昏了头脑，故而写下狂热的文字。可这位老师的形象正是一个炙手可热的灵魂“炼石”，每一次对他语言和行为的提炼都会令人血脉偾张，情绪激昂。原来从文明记事起，受人尊敬的先贤，肩上都背负着普罗米修斯带下来的知识火种，以此点燃同样高贵的灵魂，自我奉献，接着燃烧，继续传承。后来他们有了一个美丽的名字——“师”。师者，所以传道授业解惑也。

工作以后，很多大学期间学到的专业东西已经不会再用到了，但所传之道，得授之业，终解之惑，反而越来越受用。每每到此，总会勾起逐渐褪色的回忆，大学里郁华深邃的往事，Too Young Too Naive 的青涩。每每到此，我都会再度审视自己，问问被遗忘蒙尘的超我，“我是否成为一个像他一样的人”。

答案似乎越来越明确地指向了否定，我没有能够成为一名教师。离那个内心狂热，激动冒失的小伙愈发遥远，愈发不像孙老师一般温文谦恭的儒者。

但我仍在坚定地走一条路，孙老师教会我们探寻美的道路。虽然没有成为字面意义上的“老师”，但殊途同归，在人生道路上，我一直在努力成为精神内涵上的“他”，并选择就读心理学研究生，毕业后当了一名普通却富有正气的人民警察。凭借着从孙老师那舶来的感染力和专业背景，开设了几门文化育警、优抚待警的公开课，做了警察们的心理老师。其间我帮助了一些受害者，规劝了一些嫌疑人，写了几篇劝人向善的文章，成为他们走向新岸的船夫。我不仅仅铁面无私践行法的公正，也追求耐心平和法的温情。我在用自己的方式理解并诠释费孝通先生“各美其美，美人之美，美美与共，天下大同”十六字箴言。

我试图发出自己微弱的光，尽管很小，但让我离他的模样更近了一些。落笔之前，我看了看笔挺的制服，心中稍安，原来臂章上的警徽和你身上那些老师的符号是一样的，都是耀眼又温暖的。

亦师亦友　润物无声
——记我的老师李凡

张　盼[①]

凡哥是个妙人。

他姓李名凡，是发展管理系重量级讲师。之所以这么说，乃因我纵观全系老师，再难发现有体重能与其并驾齐驱之人。

此人本科念的是国际经贸，留洋读工商管理硕士，最后却成了一心搞农村发展研究的中国农业大学教师。

认识他也是有机缘的。

大一暑假，我窝在家里无所事事，浑浑噩噩度过了大半个月后，突然刷到班群里有人发消息，说是有个去甘肃天水关于残疾人的调研，她有事不能去，问谁有时间代她。

我一个鲤鱼打挺从床上坐起来，立马私戳该同学。倒不是对社会实践多么热情，而是被对比话框里“食宿、交通全报销”七个大字吸引了。

不去白不去呗。

那是我头一回听到凡哥的大名，他是带队老师。同学将他的微信推送给我，怕我不放心又说：“这个老师人挺好，幽默风趣，很爱开玩笑。”片刻后，我战战兢兢地加了凡哥的微信。我被他的头像所吸引，一幅圆脸胖子的卡通画，下巴巨肥且是双的，鼻梁上架一副黑框眼镜，给人的感觉是憨厚，富有亲和力。简单聊

① 张盼，中国农业大学人文与发展学院农村区域发展专业 2016 级本科生。

了会儿，凡哥给我打了个预防针，说调研强度会比较大，要能吃苦。

我不怕吃苦，只是怕自己达不到他们的用人要求，尴尬而又不失礼貌地说："老师，如果你们到时候还差人的话，就找我吧，我随时可以凑人数。"其实我当时心已经凉凉了，想这次机会肯定要泡汤。谁知凡哥很快又回复我："现在就定你了。"我顿时雀跃起来，恨不得旋转、跳跃、舞蹈，再做几个后空翻。

那个时候我处在极度的自我怀疑时期，考烂了几场试，搞砸了些重要的事，处处不如人，变得自卑又丧气。凡哥轻飘飘一句话，如溺水的人抓住浮木，我仿佛也看见重新启程的生机。事实就是这样，困厄中的一点点光和热，也会让漫无目的的飞蛾想要努力去拥抱。

同去的还有三位师哥师姐，田野调研经验丰富，我有些瑟瑟发抖，忙又去知网啃论文资料。之后凡哥没怎么理我，以至于出发前的很长一段时间，我都认为我是不是真被凡哥拉来凑人数的？按理说搓麻将四个人也够了，刚好再来个人端茶送水不是？深入了解才知道，凡哥一向是这个做派，用当下比较流行的词来说，就是"佛系"。除了美食与正事不能辜负，其他的爱咋咋地。

几天后我和认识凡哥的同学讨论，说："明天开会认不出凡哥怎么办？"可不就尴尬了。"不会，"同学信誓旦旦，"李老师和他头像可像了，简直一模一样的。"果然，量身定制的漫画头像让我在老师群中一眼找到凡哥。"厚实稳重"，四个字拆开来形容也无比恰当。

彼时我个头矮，长得瘦小，脸尤其稚嫩，又因为穿得土，经常被调侃说不像大学生。当然现在也好不到哪去。仔细回想起来，这大约就是我不自信的根源。

因此，见到凡哥时，我还是畏畏缩缩的，怕他嫌弃我。

他看到我，并未像其他很多老师一样惊讶，也没有如他们一般开玩笑说"真像个小学生"，他压根儿就不在意这个。而是一本正经地跟我讲注意事项，并耐心教我买好人身保险。语气随意，不摆架子，活脱脱一个循循善诱的长者。

当时我还未成年，没法给自己做担保人。凡哥二话不说填了他的信息，动作麻溜嘴上还不停说话，其协调能力令我佩服得五体投地。旁边的一个师兄得知我的年龄，感叹了句："我的天，这也太小了吧！"

生怕下一句就是："没有经验、能力不够"，诸如此类的话，我又开始紧张起来。

“怎么着不行啊?”凡哥不当回事，轻描淡写对师兄说：“我告诉你，革命不分先后。”我心里的大石头落了地，感激地看着凡哥，就要眼泪汪汪。革命不分先后，谁说不是呢？你看，李大钊是后起者，未必就没有陈独秀啊?

我默默记在心里，这句话在今后，成为我往前走的动力，也用它鼓舞了同我一样因为年龄阅历而不敢尝试的学弟学妹。

出发那天，我们东、西区兵分两路去机场，我和一个准大四的师兄先到。初出茅庐，我热情高涨、踌躇满志，兴奋地直蹦跶。

但我显然低估了自己成事不足败事有余的能力，没多久，我把登机牌蹦跶丢了。离登机还有四十分钟，凡哥还没到。俗话讲，好的开始是成功的一半，而我成功搞砸了开始。往常没遇到过这样的事，我哭丧着脸，心想，这下完了，等着被骂吧。

我风急火燎地来回找登机牌，未果。反反复复多次，感觉自己就要“寻病终”了。正准备去补登机牌，师兄跟我说，他刚跟凡哥打了电话，凡哥讲找不到没关系，先重买一张，能上飞机就好。

我当时是有点怨师兄的，我是真怕凡哥知道这件事。就像小孩做错了事，首先想的便是怎么补救，好瞒过父母老师。我也一样，只希望能暗搓搓解决这件事，好毁尸灭迹，瞒天过海。

凡哥到机场时，我已经补办好了登机牌，并假装什么事都没有发生过。实则脑海里已经设想过无数种他的反应，是脸上笑嘻嘻，心里抑或是劈头盖脸地将我一顿臭骂，怎么一上来就添乱子?

我都猜错了。

凡哥一言不发地看着我手中的登机牌，很惊喜的样子。

“嘿!”他掏出手机，“这还是我第一回见补办的登机牌，赶紧拍个照留念!”

我：“……?”

得，我翻了个白眼，这下毁尸灭迹不成，反而人证、物证俱在，还被记录在案了。然后凡哥像个好奇宝宝一样问我：“你这怎么补办的啊？跟我说说呗，下次也好有个经验。”我说我忘了。

开玩笑，这种黑历史，说多了都是泪好吗？佛曰：“不可说不可说”。

后来登机时，看到凡哥宽大的背影，我感动地几乎要热泪盈眶。他丝毫不在意这个小插曲，未提半句责怪的话，反而让我有种我会补办登机牌我真厉害的感觉。

我如何也想不到比这更好的处理方式，能让一个提心吊胆的人放了心，同时开心起来，也莫名有了信心。

另外，还有一个重大发现，凡哥是真的很喜欢拍照。

真正开始搞调查后，才知道有多苦多累。每天起早去村里，贪黑录数据，被车驮着一路驶过山路十八弯，逮着空闲就想睡觉。凡哥跟我们一样早起晚睡，还要弄政府那边的联系工作，自然是不轻松的。与我们一上车就补觉不同，他能兴致勃勃地说上一路。话很有深度，但当时我只觉得挺催眠的。

说起来实在惭愧，我们一群正值大好年华的小年轻，还比不上凡哥四十一枝花。凡哥从不抱怨，他干事起来毫不含糊，同人攀谈正经又随意，唯有午餐上桌时眸光大放异彩，眼中再无其他。

有名言道，饥饿的凡哥扑在面包上，就像高尔基扑在书上。但是不吃饱，怎么有力气干活呢？与凡哥相比，我可谓反面教材。

我是南方人，有点水土不服，本来就挑食，又因为吃不惯北方面食，一天拉好几次肚子。连续几天吃饭只扒拉几小口，把自己整得面黄肌瘦，经常有气无力，做问卷也提不起精神来。

老话说：入乡随俗。凡哥没怪我，跟我说我还需要磨炼。他说搞农村研究不能讲究，就只能将就。发展人，要学会吃更多的苦。凡哥的话是什么意思，我知道他担心我，但除了自己适应，也没有法子。

连续吃了好几天面条后，我对米饭有点思念成疾。那天的午餐意外上了米饭，我吃了一碗觉得不够，又添了一碗。其实这么做不大好，桌上还有政府官员，所有人齐刷刷地盯着我。我当时觉得有点丢人，年纪小没有经验，做事总欠考虑。

心虚地瞄凡哥一眼，他云淡风轻说："想吃就吃，出来调研还能把学生饿着不成？"凡哥胸襟跟他胃口一样大，如海纳百川，他包容着我的一切不成熟。

我心存感激，面上不露声色，却一直耿耿于怀，想着如何扳回一城。

当天晚上我就笑着跟大家说："中午餐桌上氛围太紧张了，我就想逗逗乐，让大家放松点，所以才吃了两大碗。"所有人做出恍然大悟的样子，凡哥也笑，见牙不见眼。

我虽嘴笨，但搞农村调研免不了与当地的政府官员打交道，也学会了说不少漂亮话，这时就有人夸我能说会道。开始我还蛮沾沾自喜的，后来想想，不过都是小孩子拙劣的把戏罢了，无知，又可笑。

但凡哥也笑着表扬我，面上没有一点愠色。话说回来，凡哥似乎一直在夸我，说我年龄小就和他出来搞调研，成绩好，上了中国农业大学，后生可畏之类。他像是真的为有我这个学生而骄傲，对我的夸赞更甚于几个师兄、师姐。像我这样年纪的学生，最怕失败，最需要肯定。他给我信任，给我鼓励，给我最需要的东西。

凡哥很有眼力见，经常发现我忽视的问题。姜还是老的辣，他不露锋芒，言语却时常犀利，问出来的东西比我的有用许多。

他做问卷的时候，我在一旁听着，学到了很多调查研究的方法还有技巧，愈发觉得自己望尘莫及，感叹一声凡哥果然是老江湖。

我和一个师兄一组，凡哥几次提醒我说："你好好跟师兄学着点，他有经验，你跟他做调查会有长进。"

凡哥是在为我好，真心希望这次经历能带给我些什么。我没辜负他，牢记于心，并在之后几天受益匪浅。

调研期间，我犯过很多小错误，多次弄巧成拙，出了不少岔子。若是凡哥表现出一点不满，我又要自我怀疑了。

可他从没怪我，似乎存心把这次调研，当作我历练的战场，初入江湖的毛头小丫头，总会出点无伤大雅的差错。

剑未配妥，出门已是江湖。

那都没关系。

即使遍体鳞伤，也要努力爬起，师父所有的，全都毫无保留地教给你。

领你走一段路，度过崎岖，剪除荆棘，剩下的全都靠你自己。

凡哥，还好遇见的是你，感谢相遇。

凡哥很关心我，每天都问我身体有没有不舒服，生怕我有任何不适。我向来话少，不被老师关注，头一回受到这样的待遇，自然感动又惊喜。

谁都想被重视，仿佛这样，才能看到自己的价值，我因此捡回了信心。

调研很成功，但也不是没有遭到质疑的。大抵是我看着比较好欺负，有扶贫办的人拿我开涮，说："小姑娘这么小，看着什么都不会，能搞好评估工作吗？带来没多少作用吧？"我一时无言以对，有点尴尬。

凡哥站出来替我解围："还真别说，带她进村还挺好，都看不出来我们是来搞调研的，村民看着她也没有警惕，问点啥不都出来了。"得，这么一说，长得矮还成优点了，先不说话对不对吧，总之，我第一次感觉自己是亲学生，有老师真好。凡哥护短，他原本宽大的身影在我心中高大起来，反正横竖都长了。

大二开学后，我又陆陆续续做了些农村调研，逐渐对凡哥的话信以为然。于是我充分发挥个子矮娃娃脸的优势，很讨村里的大爷大妈喜欢。这一来，如同打开了新世界的大门，我的调研工作经常顺利得不可思议。

其实我都明白，往往需要的，不过是他一句肯定而已。所以，阿弥陀佛，感谢凡哥，让我敢于直视自我。

凡哥从来不讲大道理，总是七扯八扯到很多事例上，然后慢慢分析。从凡哥的话中我学到很多，让我受益匪浅的便是这么一句："以貌取人是正常的，你没法阻止他人因为外表怀疑你的能力，就想办法让他们心服口服你的实力"。

"实力能证明自己，也是说话的底气。"当然，他当时说的都是大白话，可我只会总结大道理。

护短是一回事，并不代表凡哥不会损人。他后来也调侃我："我带你出来哪像搞调研啊，真像带着小孩出来旅游的吧。"我："……"

好在我也习惯了，又尊师重道，日常自黑，念师恩不可忘，对此照单全收。

工作基本结束的时候，凡哥带我们去附近遛了一圈。天水景色很美，夜晚地上火树银花，灯映照在水中，流光溢彩。

凡哥照相技术好，边走边拍，不亦乐乎。我相册里许多图都是从他那"偷"的，美滋滋的。

陪同的书记就开玩笑说："为什么其他人都拍照，就你连手机都不拿出来？是看不上我们这儿的景色吗？"我无奈道："我都记在心里了。"那书记又说："李老师他们回去宣传天水，还能拿照片给人瞧一瞧，你到时候口说无凭，又还能记得多少?”我不服：“我可以写下来。”书记说：“写下来哪有图片有用，谁会看你写的?”我没作声，倒是凡哥听到我们的对话，状似无意插了一句：“书记，你不得不承认，有时候文字就比图片有用，说不定写出来效果更好呢，那么多文学名著不都是写的?”这回轮到书记说不出话了。

我又要感动得一把鼻涕一把泪了。凡哥大概不知道，我还真是个搞文学的，是挣扎在最底层的十八线小透明，影响力平平。

但为了对得起他的一番话，我克服懒癌，回去之后以天水为背景，洋洋洒洒写了篇小说。文章发表后阅读量破万，有读者在底下评论：“有没有人和我一样，看完后突然想去天水这座城市看看的?”有人回复：“真的好想啊。”

我盯着屏幕，无声地笑了笑。

凡哥，你看，我做到了。

我那时就有个念想，有一天要把凡哥写进故事里。

写幽默风趣又见多识广的师长，谆谆教诲一个姑娘，给她包容与鼓励，躬亲实践，为她指明方向。

写开始畏首畏尾，怯懦胆小的姑娘，跟在宽容大度的老师身后，跌跌撞撞，一路成长。她变得放开手脚，敢去自己闯一闯。

写在天水的八天实践时光，如此珍贵又难忘。

你问我为什么叫他凡哥？说来还挺有趣。

调研的某天，凡哥心生诸多感慨，发了个朋友圈，九宫格图片配上长长的文字，言语谓之深刻。

他还嫌不够，又在评论下继续感慨：“天水这里人杰地灵，物华天宝啊，这一路的地名：诸葛军磊、街亭、姜维故里、李广墓……大地湾遗址，源自北魏的麦积山，数不胜数啊。”

我们这群学生一时起了玩心，在某潘姓师兄的打头下，在凡哥朋友圈下面整齐划一地评论：“社会我凡哥，人帅还能说。”大概凡哥内心是崩溃的，回复道：“你们想让我报警呢，还是想让我借铲子去呢?”师兄很快低头认错：“别别别，我自个儿挖坑跳下去。”

那之后我私底下便称他凡哥。

凡哥很开明，力举新型师生关系的大旗，开得起玩笑，拍得了黑照，活像个行走的表情包。他逮谁都能聊，像是真把学生当成忘年交。

去年教师节的时候，我看着票圈同学对老师的祝福，百感交集，一时忆起凡哥的好，就给他发微信，感谢他对我照顾有加，顺便拍了几句马屁。长篇大论几百字，感人肺腑，用情不可不谓至诚。凡哥回了我个表情，大头圆脸的卡通人，在作揖。

嗯，凡哥自我认识非常深刻，连表情包都和自己是一个模子刻出来的。但除此之外，他再没说其他的。我尚处于自我感动中，不想满腔热情被一盆冷水兜头浇熄。罢也，和凡哥煽情，堪比对牛弹琴。但这就是凡哥，学他佛系一点，无须多言。

上参与式农村发展课时，凡哥和我们一道去做社会实践。他见了我，会停下来聊两句，像是多年好友相逢，亲切自然，我毫无压力。

他在朋友圈很活跃，经常晒美食美景的图片，还喜欢分享他家的日常，他家庭和睦，女儿健康成长。生活像是没什么可愁的，整天乐呵呵，对身边的一切积极又好奇，像个不老的顽童。这样的心态感染了我。

罗曼·罗兰说：“世界上只有一种真正的英雄主义，那就是在认清生活的真相后依然热爱生活。”凡哥不是英雄，一如他的姓名般平凡，但他有着自己的光和温暖。

同学的动态下面也经常能看见他，活跃地如同水军或发表感慨或表示祝福或做学术上的交流探讨，如此亲民，关心着学生的学习与生活。

有回他发了个朋友圈，是他年轻时候的照片，意气风发，脸瘦得很立体，与如今天差地别。我对这些年他的变化目瞪口呆，差点就发送评论：“岁月是把杀猪刀。”愣了愣，我又一个字一个字删掉。太残忍，时光无情而公正，不肯饶恕任何人。凡哥原先，也曾是风华正茂的好儿郎，怀揣热血与梦想，年少轻狂。可最终这三尺讲台，一方天地，让他慢慢不再年轻。两袖清风，三年五载，他送走一批又一批莘莘学子。青春尽数奉献给了课堂，倾尽所有，脸上逐渐被刻满沧桑。

凡哥当了二十年老师，发表过些论文，出版过几本书，主持了几个科研项目，也教育过一些人。他是个好教师，也是我的恩师。他深深影响了我。

新学期，我选修了凡哥的社会工作。

课程伊始，我俩狭路相逢，面面相觑，前尘往事一时涌上心头。

于是凡哥开始在课堂上与我回忆往昔，讲至需要处，张口就来："张盼，就我们暑假去甘肃的那个精准扶贫第三方评估……"

我当时正在开小差，突然躺枪一个激灵，就在下面小声嘀咕："我的妈呀，吓我一跳。"没想到凡哥耳朵那么好使，听得明明白白。他不乐意了，说："怎么就吓死你了，我还会吃了你不成？"我倒不怕他吃我，就怕他谈到吃，一不小心说漏嘴，讲起我吃了好几天面条后，见了米饭面露凶光一口气吃了两大碗的事实。老底要是被抖干净，面子还有吗？答案是"否"。

后来我上课也不敢走神了，抬头，挺胸，收腹，腰背竖地笔直，认真听讲，有模有样。不听不知道，一听不得了。凡哥讲课实在太有意思了。他把在生活里的幽默感带到了课堂上，理论与案例相结合，旁征博引，通俗好懂。

发展的老师都去过很多地方，但少有人能把自己的经历讲得像凡哥这样生动有趣，令人捧腹。

我想起梁实秋的《记梁任公先生的一次演讲》，他写道："先生的讲演，到紧张处，便成为表演。他真是手之舞之足之蹈之，有时掩面，有时顿足，有时狂笑，有时太息。"

凡哥没那么夸张，多半因为脸大，显得表情格外丰富带感，声音又极具魔性，所以，总让人欲罢不能。在他的荼毒下，我竟然……觉得社会工作这门专业挺有意思的？真乃无可救药。说出来你不信也得信，凡哥的啤酒肚里装的不只是饭，还有这些年来他不可复制、无法盗版的经历。他懂得多，故事案例信手拈来。

我其实是有点羡慕嫉妒恨的，像我们这种玩笔杆子的人，一怕读过的书不多，二怕走过的路太少。可是凡哥推荐的书，我一本没看过；讲的案例从"乌坎村事件"到"厦门 PX 项目事件"，我闻所未闻。感觉智商被按在地上摩擦，这简直完败！所以每次我都会悄咪咪拿小本本把他讲的记下来，留着当写作素材。想着回去琢磨，有天能咸鱼翻身。

有一次，头天晚上我碰到麻烦事，心情不是很好，以至于第二天上凡哥的课都垂头丧气。课间，凡哥和我们分享他最近碰到的烦心事。开始讲邻居老头开始总在楼道里抽烟，劝说之后，他改为每天把垃圾扔在楼道里，进出家门都会闻到异味，又不知道怎么再劝，直至今日，仍旧未找到解决办法。又讲领养了只流浪猫，没想到中了大奖，起初以为猫只是单纯的胖，后来才知道是个怀孕的。没多久生出一群小猫，都不知如何处置。他声音抑扬顿挫，不像碰到麻烦事，反而像中了几百万。

我盯着凡哥生动的脸，好心情地笑出声来。不是幸灾乐祸，只是忽地就释怀了。众生皆苦，人生不如意事十之八九，能与人言无二三，但总有人，能把那二三苦事当笑话讲出来。其实再不济，也不过如此嘛。

这就是凡哥的生活态度。

从小长到大，接触过最多的职业就是老师。我见过整天面露愁容苦大仇深像学生欠了他几百万的老师，也见过不苟言笑只看得到学习成绩的老师，有温柔的，也有严厉的……但没有一个，像凡哥这样欢脱的。

也有很多人，没到他这个年纪，就活得无比消极。

凡哥不一样，他是电，他是光，他是唯一的神话。

社会我凡哥，整天笑呵呵。

能说不啰嗦，吃货欢乐多。

我想，我得向凡哥学习。

学习如何搞好发展，如何好好生活。

后记

写这篇文章的时候，我问舍友："你们觉得凡哥有哪些优点？"

"就胖胖的，很可爱，很有亲和力啊。"

"幽默风趣，能透过现象看本质。"

…………

回答挺统一。我拍手叫好，心想凡哥搞笑、幽默这一特质已深入人心，都不需我多用笔墨渲染。

他经常口出金句，而不自知。用一句用烂了的话来形容凡哥，就是好看的皮囊千篇一律，有趣的灵魂万里挑一。我开头就说过，凡哥是个妙人。妙到我一度想和他组个组合，叫"土肥圆"，土是我，后两个字是他，一说一写走天下。鉴于保命要紧，我迟迟未敢开口。

我写着写着，就又想对凡哥说点什么言谢的话。估计没什么意思，顶多是又收获一个新鲜的表情包，便就此收手，放过彼此一马。

行吧，那就这样呗。这情，没法煽，也没法删。

实在太妙。

非“传统”思修[①]老师

——记我的老师张晓红

陈　然[②]

第一次见张晓红老师是思修课——大一时的第一堂课。彼时少年心气未尽，假期野了许久的江湖味道也还萦绕着。铃声未响，我注视着主楼阶梯教室讲台前的广阔场地，脚下磨砂的滑板面不经意地婆娑着鞋底，痒痒的感觉直接穿透鞋袜，有一下没一下地撩拨着当时正襟危坐准备接受思政课洗礼的我。如今说来还得抓抓后脑勺，再配上有些羞窘的笑，毕竟刚踏上滑板准备在教室光滑的地板上大展身手时，迎面遭遇了任课老师算不得什么光荣事迹。大抵还得感谢我当时不怎么坚强的意志力，才让我有幸在上百人的课堂上迅速在课前给任课老师留下了深刻的印象。

也难怪一向敏锐的我没能注意到张老师走进了教室，张老师与我心目中预想的思修课古板老教授的形象大相径庭—— 一头干练的短发，清清爽爽又有些活泼的黑框眼镜，常年锻炼身体保持下来的匀称身材能把运动套装穿得再协调不过，混迹在一群大一新生里唯一的不同也不过是眼中取代了稚嫩的那份通达和睿智。看我要酷失败，手忙脚乱跳下滑板的样子，张老师笑笑：“还真是争分夺秒在练习呢”。这亲和的一笑霎时消弭了我仿佛小时候淘气被抓现行般的不安，也

---

① 思想道德修养与法律基础通常被称为思修。

② 陈然，中国农业大学理学院数学2016级本科生，担任班长，曾获得优秀三好学生、志愿农大优秀志愿者等称号、曦之奖学金、学习优秀一等奖学金，在SK sunny志愿服务创新挑战赛中获得萌芽奖。

成功将张老师从古板老教授的定义中平反。

决定写这篇文之前，朋友问我大学里老师难以像初、高中那样朝夕相处，于生活的不经意间，在记忆里刻下难以忘怀的故事，那这篇征文你怎么下笔呢？几乎是瞬间，我脑海里浮现的就是张老师和我谈起志愿工作时，仿若少年人谈起小心翼翼地揣着，捂得热腾腾的梦想时，那坚定的、闪着光的神情。然后我带着无比认真的神情告诉对方，有，我有很想写出来的、想念的老师。

还是回到第一堂课上，从未想过有一天，我会在思修课的课代表选举时高高地举起了手。原本以为会是简单罗列教材知识点，至多加一些案例来活跃课堂气氛的思想政治课，张老师教给我们的却是真正意义上的开学第一课——大学的学。直到如今我依旧觉得幸运，在那堂课上，刚脱离高考的懵懂的我真真正正地在张老师的启发下，开始认真思考大学究竟应该怎样度过；也是在那堂课上，高中时就对志愿服务满怀热情却不知从何开始的我和同学们一起注册了志愿北京，成为帝都一名小小的，时刻准备着贡献力量的志愿者。再后来，我从未缺席过任何一堂思修课，这是一门包罗万象通识的课程，感恩教育，大学探索，社会实践，志愿服务……在这门政治课上，我不仅了解了志愿服务项目化管理的意义，志愿服务这门学问的发展历程和未来方向，还和同学们一起策划、立项，组织参与实地志愿工作，记录、讨论、展示、宣讲、做论文，练得十八般武艺样样精通。

后来给学弟、学妹推荐课程时，我经常鼓励她们选择张老师的思修课。这门课并非那种可以水过去的课。但作为课代表的我，每节课间和其他课代表一块儿在老师那里领任务时，都能看到张老师写得密密麻麻的笔记本，井井有条地记录着每一项具体课程任务的分配，实施方法，老师会耐心地给我们讲解每一项任务的细则，并且鼓励我们先摸索着自己组织同学进行。而微信群里，只要有同学有疑惑，张老师都会亲自解答，提点我们。这堂课上我们学到各种内容，完成的每一项作业，背后都是老师通识教育理念的贯彻下精心设计的教学方案。又怎能不认真完成呢？

我不仅在思修课堂上向张老师学习了良多，大学生活里，张老师也处处给我提点和教诲。

说到一次社会实践，也是少年人急于求成的心性，前期辛苦建立起来的社会实践小组碰到些小挫折却没挨过去，组里闹得很僵，也算是无法成行了。当时张老师是我们的指导教师，准备过程中还抽出空来为我们逐条审核社会实践计划的细节内容，一条条提出意见来，又反复审核我们的修订稿。所以，失败后的那个假期觉得辜负了张老师的信任，躲在失败的阴影里自责和舔舐伤口，未曾和张老师联系。一向积极的人突然间销声匿迹，张老师也敏锐地发现了。炎热的帝都七月伴着浓夏时树荫深处铺天盖地的蝉鸣，阴郁的宅了一周多的我被张老师拖出来去操场走圈。

被丧气捆绑住的我忐忑地站在操场边上等张老师，傍晚出来锻炼的人带着满满的活力，在橙红色跑道上一圈圈从眼前掠过。我睁大眼睛想在其中搜寻到张老师，彩虹一般充满活力与色彩的人流循环了几圈，我也没能在这满场的青春气息中找到张老师。倒是几天来的阴霾被这操场上打太极的大爷，笑闹的情侣，活蹦乱跳的小孩，满头大汗地跑者们身上灿然闪烁的积极正能量扫除了不少。

后来还是张老师看到了我，果然是一身亮色运动服，完美融入了锻炼的人群中。张老师正在健步走，急速迈着步子，有些微喘地对我喊：“快跟上，你比我年轻，看你能不能跟上我平时竞走的脚步!”我还未来得及尴尬，也不必去想怎么和老师解释队伍的解散和项目的失败，就匆匆迈开脚步赶了上去。走了几圈，出了些汗，心理畅快些后和张老师说清了事情原委。这回我又一次在预期中定义错了张老师。责备是没有的，无意义的安慰鸡汤也没出现。听我讲述之后，张老师非常客观地分析了失败原因，各人的不足和值得改进的地方，然后提出说在新疆一所条件不是很好的学校里急需一批志愿者去支教，老师可以给我提供联系方式。多简单的道理啊，我却仿佛醍醐灌顶。失败后吸取教训，继续勇往直前，保持初心就好。自怨自艾沉浸在情绪里无法自拔是没有必要的。我想，张老师用最简单，却最有效的方法又教会了我面对挫折的方式。

如果你能遇上这样的老师，她或者较真，或者负责，或者才华横溢，她是崇敬的长辈，是幽默的朋友。迷惘慌乱的青春里，她抚平你的焦虑，纷繁缭绕的前路上，她指明你的方向。遇到挫败想放弃坚持时，她能给你安慰，因为她，学到了不止书本上的知识。她是老师，是朋友，是偶像，也是恩遇。那便是极大的幸运了。很荣幸，我认识了张老师。

平芜尽处是春山

——记与恩师张凤荣的乡村调研行

谢　臻[1]

2015 年夏末的暑气还未消去，我就正式进入中国农业大学，跟随导师张凤荣开启了研究生生涯。来之前，我的脑海里充满着一片甜蜜的幻想，那里金光万丈，倘若用印象派画作来形容，就像画家克劳德·莫奈在《日出·印象》中描绘的那样，晨雾笼罩下日出的港口，闪烁着光的幻彩和雄伟的远景。抚今追昔，从师已近三年，师恩绵泽点点滴滴，宛若大珠小珠落玉盘，而其中有一事联珠贯串，令我感触最深。

2016 年我开始跟随张老师从事乡村衰落与土地利用的研究，这绝不是一份美差，用“穷乡僻壤”形容调研区再恰当不过了，或者说是“哪里穷，我们就往哪里钻”，去探访调查中国乡村最低洼的地域。对自幼在城里长大的我来说，从小几乎没和农村沾过边儿，竟不知天壤间会有如此地方，我辗转反侧地走在这平芜净地的路上，也料不到日后自己对人生和世界的态度竟会改弦更张，并完全走上另外一条路。

① 谢臻，中国农业大学资源与环境学院攻读土地资源管理专业 2015 级硕士研究生，2017 年硕转博进入土地科学与技术学院攻读土地资源管理专业博士研究生。在校期间曾担任班长；获得“优秀班干部”称号，博士二等学业奖学金；博士一等学业奖学金；在学期间发表 SSCI/EI 文章三篇，其中第一作者两篇，发表核心期刊论文七篇，其中，第一作者三篇。

阿鲁科尔沁草原行——浅草才能没马蹄

8月的阿鲁科尔沁草原已泛起碧绿，羊群与马儿熙熙攘攘地在草原上游走。这是与张老师调研的第一站——内蒙古自治区阿鲁科尔沁旗乡村。眼前呈现的并不是诗中写到的“风吹草低见牛羊”般清风飒爽的场景，遍地是牛羊粪便和随之扑面而来的刺鼻恶臭与蚊虫成群结队的骚扰。

我们的任务是以访谈的方式向村干部了解村庄的发展情况。来前我做了大量的准备工作，也看了许多书籍和文献，但当调研开始时，我才忽而明白，事情并非我想的那么简单。草原不仅养育了奔驰的骏马，还孕育出来独有的蒙语，即便普通话已不断普及，但带着厚重蒙语口音的普通话还是让人语不搭弦、言不着调。这一下把我懵住了，这样的沟通就像海上三山，让我糊里又糊涂。而首先发难的却是我，我那“教科书式”的问题一下难倒了村主任，其不知所云，随即陷入了尴尬。张老师见状赶忙做出解释，充当起了“翻译官”帮忙解围。就这样，在“翻译官”的庇护下，我的第一次调研才勉强完成。事后他拉我到一旁说：“书本里的词句似乎是合情合理的，但不是农民的语言，你和农民交谈要学着把专业性的词句转换成通俗的话。”在那时，这样的话确实让人如梦初醒，但我仍旧感到无法适应。

我自认为是一个性格内向的人，大庭广众之下与生人交谈总觉得浑身不自在，这样的调研简直让我如坐针毡。我不禁开始怀疑自己幻想的那个日出时金色的港口，它究竟在什么地方？但调研终归是结束了，我不愿再停留在这里，在草原灼热的阳光下颓然离开，脑海里竟是不可捉摸的怨念，“以后再也不出来了，我还是在办公室里吹着空调写点文字吧！”。

回想起那时的自己，就像科尔沁草原上稚嫩而浅矮的草儿，在马蹄的践踏下，不敢幻想长成一棵大树，而对于将来的科研更以为浑浑噩噩就能度过。

民勤绿洲行——师恩如山亦如水

我想当然这样的调研就此结束，可任务接踵而来。9月夏末、秋初的河西走廊干旱区，腾格里和巴丹吉林两大沙漠环抱下的民勤绿洲也已渐入秋境，发源于祁连山上的冰雪融水汇成了石羊河，滋润着这片绿洲。这是我们调研的第二站——甘肃省民勤县乡村。临行前才得知，刚从外地出差回来的张老师正发着烧，本以为此次张老师就不去了，然而出乎意料，第二天张老师依然准时与我们一同前往。

到达学校驻石羊河实验站后，他未做任何休息就带着我们与实验站的人员探讨起绿洲的发展情况，紧接着就带我们下地，在田间地头给我们讲起了农业知识。黄昏下，田野边径直的小路上，他拉住我交代起调研的经验，如何跟农民拉家常，又如何才能从农民口中了解到村子的情况，他讲话慢条斯理，但句句绘情绘理，对我后来的调研也起到了立竿见影的效果。

次日，他带着我们到县里，为我们安排好住宿后计划先行返校。已近黄昏，即将返校的张老师叩开了我们的门，本以为他苦口婆心还有事交代，可不曾想到他的手中提了个红色礼盒，满脸笑容地道："中秋快到了，给你们买了盒月饼，等你们回去了再一起吃团圆饭吧!"此情此景颇有"书生眼力小如瓮，一睹巨丽心惊喜"般如沐春风之感。我一直以为师生之情乃《师说》中提到的"师者，传道受业解惑也"，而更为深刻的则是成语"一日为师，终身为父"。我对于这个词的理解则是"哪怕他只做我一天的老师，也要一辈子视他如父亲"，而今他以自己的行动诠释了他对这个词的另一番解释，"做你一天的老师，就要像父亲一样爱你"。

数日里，我们跑遍了绿洲上、下游的村庄，虽然没有张老师在身边，但他的经验似乎让我在调研的迷航中找到了方向。苍茫的沙漠间，师恩如山，亦如水，他不仅用广阔的胸襟和挺拔的腰杆为我们撑起湛蓝的天空，更用柔水般的爱无声地润泽着他的孩子，抚平沙漠的炙热。

沂蒙山区行——绝知此事要躬行

与张老师调研的第三站是古时地处鲁国境内的沂水县，也是沂蒙山区的腹地。论语有言：“博学而笃志，切问而近思，仁在其中”。所以要想真正了解山区农民的生活境况，就必须深入腹地，切问而近思。

车子在大山之间辗转腾挪，途径黄土泉村时，张老师被村庄的面貌所吸引，临时决定下车看看。偶遇路旁一位年过半百的老人，手里夹着根烟，张老师便热情地前去与他搭起话来，交谈中，老人时而站立感慨人去村空，时而蹲坐惋惜自己“廉颇老矣”，而张老师也随着老人而坐立，场景一派其乐融融。一旁的我一面静静地侧耳倾听，一面细细地端详着他对老人的目光，在那目光里我隐约看到闪熠着生命力的光。蓦然回首，那时张老师的一站一蹲、一欣一喜对我之于乡村的观念产生的是潜移默化的影响。也是在这一次次的探访中，张老师用他那有趣而充满亲和力的灵魂让我对乡村逐渐产生了好感。

正值路旁香椿树出芽，离开黄土泉村时老师随手采了一枝香椿芽儿递给我，“你尝尝这味儿”，我将这红星似的小芽儿放入口中，答道，“是这味儿”。这味道里不仅流露着餐桌上与田野间食材味道的异同，更满含着他带我领会到的城市与乡村的不同滋味。

上车后，张老师仍不断与我探讨方才谈话的细节，启发我去思考其背后的本质规律，记得那些话里，有一句我永远记得：你要记住，在办公室里做的科研只是很小的一部分，要想做出真正有用、有生命力的学问，要能下得了村、和农民说的了话。这话深深地扎进了我的心。

闽中屋脊德化行——虚心若如竹，无地不相宜

南方亚热带地区温润潮湿，万物昌灵，碧水流地，这是调研的第四站。它位于闽中屋脊戴云山区境内的德化县。大山之中青竹撑天，古人对竹的赞赏不

绝于耳，竹有节，有千节，风吹不折，雨过不浊，君当如竹。

张老师是北方人，自幼在北方长大，对南方熟悉程度自然不如北方，虽然年轻时也走过各地山川河流，但每到新的环境，他的手里总拿着一支笔和一本记事本，走到哪儿写到哪儿，像那虔诚的学生，生怕错过什么。

带着这种谦虚的心态和勤于思考的习惯，他总能在平凡的现象中发现事物发展的奥义。调研中，我询问农家种了多少亩地，农家答道："种了一百担的水稻田，一担水稻大概能晒八十斤干谷"。我一脸疑惑，何为"担"？当我不知所措时，张老师比我更快地询问起来。"拜师"农家后，我们才知道，这"担"是地里打下的水稻的重量。此时，他的脑海中似乎又电光似的一闪，立马接过话，"我知道了！为什么这里种地数不说'亩'衡量？而用'担'或'谷'，这都是有道理的，南方丘陵耕地零散，根本没法用'亩'测量。这里和平原地区不同，平原耕地连片益于测量，只能按大概的产量来衡量耕地的数量。所以，要是在西藏，也是没有亩数的，他们叫'挎'，这'挎'就是农民身上装种子的袋子，他们用撒种的袋数的多少来衡量耕地的数量，同时，这种方式也衡量了耕地的数量和质量，好的地可能一亩地种一挎种子，差的地可能一亩地一跨半，这叫'稀谷大穗'，种的稀疏点，谷子就会长得好点，所以，不同地方不同地理环境造成其测地方式的不同。"

他从没有不懂装懂，一直抱着这种"空杯态度"去虚心的学习，就像大山里的竹子，"未出土时先有节，已到凌云仍虚心"，我想这便是青竹破石、无地不相宜的奥秘所在。而我也在其中逐渐感受到了这个道理，"虚心竹有低头叶，傲骨梅无仰面花"，做学问何时都应勤学习、多思考。

寻甸高地行——初心不改，虽远不怠

转眼又到 11 月，已是调研的第五站，云南省寻甸县。清晨盘踞在坝地的云雾还未散去，云山茫茫、云天渺渺，我们已驱车前往海拔 3 094 米高的寒山区，探访大山深处的贫困高地。

通往村子里的道路坎坷不平，车子已无法进入，我们于是徒步前往，村庄基础设施落后，这里大概是我见过最原始的农业村落了。坐在用泥土砌成的土房里，闻着有霉湿气息的空气，我默默地打量着每一位淳朴的农民，那诚挚的外表、质朴的面容、和善的笑貌以及那有些拘束，有些腼腆，甚至有些不知所措的行动，深深地吸引了我，如果再仔细端详那黝黑的肤色，还有上面那风吹日晒的皱纹，就更会感动起来，聆听着他们言不由衷的故事，村子的兴衰立刻浮现在面前。我不禁思索，农村发展研究之于老师的意义是什么。

跟在张老师身后，我凝望着他踽踽独行但坚毅抖擞的背影，聆听着他对祖国山川巍峨增光溢彩的感慨，望见他体恤农民艰辛时忧心忡忡的眼神，而得之农民安享晚年时流露的恬静的笑。我似乎明白了这种意义，这绝不仅是一份科研任务那样简单，其中更满含着一种热忱，这热忱是一种情怀，根植于这一代人的回忆之中，这热忱是一份信仰，承载着一位共产党员为让群众过上美好生活而殚精竭虑的初心。我想当一个人心中充满了情怀与信仰，他的心灵可是轻盈的，即便路途遥远，又何曾觉得难行。

而我仿佛也在自己身上看到了这种热忱的火苗正在燃烧。我知道这热爱与信仰并非我参禅打坐顿悟而来，也不是天外的无端来物，而是恩师举手投足间的薪火相传。如今我愿，我愿将这火苗烧尽、烧透，烧他个野火燎原！

结语

恩师带我走过万水千山，他与草木为伴，交土壤为友，灵魂与农民交织，思想与实践交融，一路走来，他那八尺之躯，不曾离开过这土壤一寸一分，他让我不仅懂得了科研工作的精髓，更明白了人生的价值和意义，给我知育教我不惑，赋我情育教我不忧，赐我意育教我不惧。

而同样是乡村的平芜净地，与来时相比，我仿佛感觉到这里的天空更蓝了，白云更白了，绿水更绿了，青草更青了，蝉鸣更悦耳了，连那夹杂粪土味道的空气都更清新了，脚下的泥路长出了绿茵，踏上去软绵绵的，走起来也不觉得吃力。闭上眼，回想走过的路，张老师岿然的背影历历在目。我仿佛又看到恩师盈盈的微笑，听到恩师谆谆的教诲。这路好似崎岖没有尽头，但随恩师，我似乎看到那平芜尽头春山重重，然而好像又不，或许这春山是一直在我身边的恩师——这位一直引领我前行的人。

与您亦师亦友的遇见

——记我的老师方冰

郑晨龚[①]

第一次和方冰老师见面缘于乳品实验室发布的一条招本科生帮忙的通知。与师兄联系好时间后，忐忑不安地来到食品学院六楼，那是 2017 年的 3 月 9 日。“希望我带的学生不是仅会做实验”，初次来到实验室的我，就这么快速又精准地获取了实验室准则的第一条。一年以后，在毒理学的课堂上再次听见“做实验只是一个科研的一个步骤，前期的设计，后期的总结更为重要”的话语，在实验深海中，浮浮沉沉挣扎的我有了更深的体会。尚还在一个步骤中胶着的我更加觉得科研任重而道远。那次招人成立的六人实验小组，直到现在也常常谈起方老师的好。我们常常在想，是什么样的运气，才能得以遇见。

接触方老师的时间不满两年，但很庆幸在什么都不会的时候，我遇见这样一位耐心的老师。现在很多查资料，下载文献，整理信息和处理数据的方法和习惯，都来自方老师的教导。不仅是方老师在第一次见面时发送给我的整理好的关于秀丽隐杆线虫的文件夹，让我改掉了看一篇文献忘一篇的坏习惯，并从此也学会了下载、分类、标注、整理文献的习惯，也是方老师告诉我有百度学术的关键词和句的检索方式，让我可以快速筛选出相关性高的文献，通过摘要简单判断后下载到文件夹，之后再凭记忆挑选阅读。关键信息列表格整理的读文献方法是方老师教的，96 孔板测量细胞活性的数据处理和 Spss 分组是方老师亲自演示的，

---

① 郑晨龚，中国农业大学 2017 级本科生。

甚至在学习到新的交互性分析的方法时，方老师也在第一时间教给了我们。就像第一次见面，方老师曾说过的那样：“只要你们肯学，我一定教。”

其实方老师一点都不严肃，在后来的相处中，我无数次觉得她是我的朋友，她有活力，爱开玩笑，有亲和力，她非常关心我们，很喜欢她，我很敬佩她，我想成为她。

方老师非常善于给我们传递普适性很强的道理。有一次谈论到组里男同学的归宿问题，方老师短短的三句话就给出了谈恋爱和科研都适用的指导方针。“我们指导博士研究生课题的时候，都会反复强调目标要单一，找女朋友也一样”“所以培养研究生的时候，最希望他们学会的时想课题的逻辑和方法，但即使是博士毕业了，也有很大一部分人缺乏这点”“你们可以把课题中的严谨和解决问题的方法应用到谈恋爱中，屡试不爽”。

印象非常深的还有一件事就是有一次配培养基的时候，怎么也找不到琼脂，又向方老师求助。方老师那边在群里帮忙问，这边教我怎么去别的实验室借，最后从六楼跑下来找我，最后才发现实验室有写着 Agar 旳罐子。我当时非常抱歉，方老师也不急不恼，跟我说常见的试剂多看看，熟悉熟悉英文名，以后就好了。听完，我非常感动。通过这件事，我这样一个急性子从方老师身上真的学到了做人的道理。

在院里开完关于 URP 项目会议的那天下午，我和实验搭档约了方冰老师在电梯间见面，在那个小小的电梯间，竟然非常畅快地和方老师聊一次天。我们先是被方老师 400 分的高分考研经历震慑和激励了，而且方老师对面试研究生提出了非常独到的见解。方老师开玩笑地说以后面试研究生要加一道调整溶液浓度的计算题。当时觉得有趣，后来一次，在和师姐算四五种农药从母液配制成实验浓度，趴在桌上纠结时，回想起方老师说过的话，觉得甚妙。还有一次路过师姐时，师姐拉住我说师妹帮我看看这么算对不对。原来师姐配溶液加错了量正在算补回原来的浓度。这时更觉得算浓度不是一件简单的事了。

师姐常说怕方老师，心想方老师活泼、可亲，为什么要怕她，听多了不免追问为什么，师姐就说和方老师讨论科研上存在的问题总说不过她，每次做足准备再去找方老师，往往也还是落败。于是心下了然，觉得方老师可爱大概是因为自己水平还没到看到老师可怕的那一面吧。后来有幸领略到了一次，答辩之前，我和方老师讨论细胞培养基变色的原理。方老师问："培养基为什么会变色？"我答："通过变黄指示细胞养分不足"，方老师又问："什么物质指示？"我答："培养基里加了酚红指示剂，酸性条件变黄"，方老师再问："为什么酸性表示养分不足？"我："……"，于是败下阵来。

可能对于常做实验的师姐们来说，复苏细胞是一件再平常不过的事，对方老师而言，那就更是小菜一碟了。然而我们复苏细胞时的那种小心翼翼，我至今都不会忘记。每天都紧张地去观察细胞的形态，数量，再发到群里让方老师看。方老师总能指出现在的细胞处于哪个阶段，帮助我们塑造对细胞生长情况的判断。有一次，复苏细胞遭遇了重大挫折，先是细胞活力不好，又是支原体污染，方老师总耐心地告诉我们什么情况该怎么应对，还总不忘安慰我们。那次她说："其实做实验太顺利不好，成功的例子都一样，失败的可能千千万。"

方老师做实验时常常会冒出可爱又有趣的念头。有一次，我们复苏细胞的时候，复苏了一管方老师冻存的细胞和一管其他前辈冻存的细胞，结果另一管细胞两天后可以传代时，方老师的细胞还没有铺满，形态也有些奇特，我们便心想这也许是不行了。方老师说再等等。后来的换液传代我们都关注一号瓶，觉得二号瓶细胞是长不起来的了，只有方老师看得出二号瓶有希望。其间最感动的两句话是复苏第三天方老师说的"二号瓶没事，在努力地长，你可以看到它们自己占据一小片地方逐步扩大，明天就回来成片了"以及复苏第五天方老师说的"看到这瓶细胞不断增殖的能力了吗，从最开始一点到现在"。事实证明，方老师的这瓶细胞活力满满，完美维持了二十四小时可以传代的繁殖速度，支持了我们的实验准点进行。后来一次聊天偶然提起了方老师的冻存细胞，方老师才说她冻存细胞的时候喜欢一瓶冻三管，量少一点，这样复苏后的细胞经历磨难都能长起来，活力会好，而不是本身活力不好，因为量多，才长起来的。这样的念头真的是要多做实验才能产生的妙想吧。

那之后我把知乎的签名改成了"当我要放弃一瓶觉得必死的细胞时，方老师总说再长一长，最后看到这瓶细胞满满的活力时，我想我以后要像这瓶细胞，也要像我的老师，别人都放弃我的时候，我自己不能放弃自己，不要轻易对一个人，一件事下定论，从细节找寻转机"。

最近一次，方老师感叹了一句："好久没有完整的时间好好看一看文献了。"

其实方老师现在很忙，每天有非常多的琐事。但让我敬佩的就是方老师的不急不躁、按部就班地做好每一件应该做好的事，不被烦躁的情绪进一步影响效率。如今我也常常被越忙事越多的日子折磨到有些崩溃，但想起“其实现在的你已经很好了，困扰你的只是论文、实验和考试”。想起方老师那次感叹时脸上出现的一点点无奈，我更加觉得当下忙碌却纯粹的日子应当倍加珍惜。

思绪万千，总在某个瞬间，想起方老师说的话：“师者，所以传道受业解惑也”。我感恩有方冰这样的老师，与她相处的每一刻，总会有或多或少的感悟；我感谢有许文涛那样的老师，在实验课的最后一堂课给我们分享他那么多年来有关科研人生和自我思考的体验；我感动于有郝彦琳那样的老师，一直记录着班上每个同学的去向、经历、现况，然后给教过的学生们分享师兄、师姐们的经验；我记得张世湘老师临退休时给我们上完最后一堂课后流下的不舍的眼泪，也记得何计国老师绘声绘色地描述西区发生过的故事时给我们的快乐。还有很多很多，各有特色的老师，用同样渊博的知识和同样关照我们的心，为每一堂课投入心血。我多庆幸，生命中有了遇到你们的四年。“未来是怎样，还没把握你目光却为我而闪烁”，我永远记得您掌心的热。

良师益友慈母心

——记我的老师周正梅

王红江[①]

永远记得1989年9月16日，天高云淡，我坐着从西安开往北京的280次直快火车，经过二十个小时的颠簸，来到了北京。当天下午，我背着行李，出了北京站，找到了学校接新生的大巴车。我顾不得擦拭满头汗水，就想把包里的大学报到通知书取出来，一位和蔼可亲的老师对我说："不用取了，上车吧。"她中等个头，短发，和颜悦色，眼神里泛着笑意和慈爱，她就是我们班的班主任——周正梅老师。

周老师五十多岁，不具体给我们上课，是工管1989级和设管1989级两个班的班主任。她就像一个大家长，无时无刻地关心着我们的生活和学习。

入学后，周老师有时会抽时间去我们的宿舍视察一下，看看同学们的生活状态，了解一下大家的思想活动。记得周老师经常夸奖我们宿舍东西摆放得很整齐。大一的一个晚上，同学沈庆、陈雄华在宿舍抽烟。抽完烟，沈庆出去了，寝室里只剩下我和陈雄华，宿舍里真是一片"日照香炉生紫烟"，颇有一番朦胧的浪漫情怀，忽然门被推开了，进来的是周老师，一下子把人从梦中拉回到现实。她追问是谁抽的烟，我们灵机一动，说是老乡来了，抽了几根烟。周老师走后，我们都出了一身冷汗，以后就尽量不在屋里抽烟了。

---

① 王红江，北京农业大学工业管理工程系工业管理工程专业1989级本科生。大学期间，常有作品散见于《挚友》等刊物。现就职于北京市西城区椿树街道社会保障事务所。

大学二年级，班级组织去鹫峰春游，同学们都是骑自行车去的，回来时开始下雨，同学们淋着雨回到了学校。当我们又冷又饿地赶回宿舍时，周老师已经带着熬好的姜汤水等着我们了。当同学们喝着周老师亲手做的姜汤水，心里涌起阵阵暖流，这是远隔千里家般的温暖啊。这种温暖，直到毕业二十周年聚会时，班长徐军同学还充满深情地回忆：班主任真的是把我们当自己的孩子来关心。

周老师对待学生从不发脾气，常用她带点南方口音的普通话和我们讲道理。1991 年春学校开运动会期间，我们班八位同学去黑龙潭郊游去了，由于事先没有告诉其他同学和老师，周老师很是担心。当我们平安回校后，周老师也没有批评我们。后来我们知道自己错了，能想象到当时周老师是多么地担心，生怕我们出什么事情。虽然我们已经是二十岁出头的成年人，可在周老师眼里，我们还是孩子。愧疚的我们决定以后再也不会出现这样的事情了。

周老师和我们聊天的时候，我曾问过她，当初考大学时，为什么会选择北京农机学院（现中国农业大学东校区）呢？她的眼眸立刻露出了兴奋的色彩。她说她是苏州人，当时苏联的电影对她的影响太大了。苏联老电影里，集体农庄里年轻人围着拖拉机劳动，跳舞，是那么朝气蓬勃，那么浪漫向上，因此，志愿就填报这个学校了。她也曾和我们一样的年轻，一样有着对未来美好生活的向往。时代不同了，但年轻人的理想，年轻人的追求，永远不会过时，永远应和着时代，他们也有着自己的一代芳华。

2013 年 8 月初，为了筹备大学同学毕业二十周年聚会，我和朱延辉同学、丁键同学去了周老师家。周老师家里，窗明几净、干净朴素。曾以为和蔼可亲、满头黑发似乎永远不会变老的班主任，如今已是白发苍苍了，她依然记得我们，还能记起我们的名字，甚至还能说起毕业后某些同学的人生轨迹。在欣然答应了出席我们聚会的请求后，非要留我们吃饭，我们说不用了，可周老师就是不行，最后还是在公主楼的二楼，让周老师请我们吃了午餐。当时我心里涌起一丝说不出的情绪。毕业这么多年，总觉得自己没有为社会做出更大的贡献，对不起周老师和学校的培养，没想到学校和周老师依然像对待自己的孩子一样，惦记着我们，惦记着我们这些远离家乡的游子，还是用它那博大的胸怀，温暖和慰藉着我们的心。

2013 年 8 月 9 日，毕业二十年的同班同学从天南海北来到了母校。当我们走进这曾经熟悉不过，而今变化万千连校名都已改变的校园，心中仍然抑制不住地激动；见到曾经朝夕相处而今遍布四方的同学们，心中更是倍感亲近。我们请来了总是爱着我们、护着我们的班主任周老师，周老师也穿上了我们定制的班级服装，和我们一起，畅谈了她对我们学校、班级、同学的回忆和感想，并提出了对我们的殷切希望。老班长徐军、李春丽和团支部书记汪少群同学代表工管 89 班向周老师献花，并赠送小礼物，感谢她对我们的关怀和培养。

周老师给我们当了三年的班主任，也是退休之前带的最后一批学生。在学校我们没有什么特殊的感觉，但当我们走向社会，人到中年，经历了那么多风风雨雨，才知道母校永远是我们前行的慰藉和动力；老师永远是我们远航中那颗最亮的启明星。走过最艰难的人生路，走过最黑暗的黎明前夜，我们的目标依然是星辰大海，我们的未来依然是朝霞满天。

谨此，我们希望我们衷心热爱的周老师，身体安康、家庭幸福。希望在我们毕业三十周年、四十周年、五十周年……依然还能出席我们的同学聚会，还依旧是我们班级的一员。我们的班级还是那个充满温馨、充满关爱的大家庭。韶华流逝，留下的是我们最美好的青春记忆，也留下我们最珍惜的师生情谊。这份记忆和情谊，历久弥新，伴随着我们在未来的人生路上，不忘初心，砥砺前行。

亲爱的母校，希望你的未来繁花似锦；敬爱的老师，希望你能平安健康；无论我们在天涯海角，无论我们在哪个行业、哪个岗位，我们都会为国家和社会贡献自己的力量。“踏实、勤奋、求实、进取”，希望我们能在更美好的未来相聚，为明天喝彩，为未来举杯！

春风化雨　言谢师恩
——记我的老师萨日娜

谢明强[①]

党的政策和关怀如春风化雨，滋润了万千贫困学子的心灵；党的政策和关怀像一位慈祥睿智的长者，高瞻远瞩，充满温情，让万千贫困学子顺利地实现了自己的理想。在党的政策和关怀下，我的母校——中国农业大学涌现出了许多最可爱的老师，他们对待自己的学生就像自己的孩子一样。老师和学生的情谊犹如血浓于水的温暖亲情，永远也分不开。他们是人类灵魂的工程师，用自己纯洁高尚的心灵，感化了每一个农大学子。

在这些最可敬的老师当中，有一位对我来说最重要的老师，她就是学生资助管理中心的萨日娜老师。萨老师慈母般和蔼的微笑，就像最温暖的春风，唤醒了一颗历尽磨难渐渐消沉的心，让它能够再次充满活力地跳动。是萨老师的声声鼓励，让我能够自强不息地战胜一个又一个困难；是萨老师的温暖关怀，让我学会了带着一颗感恩的心好好地活着。如果没有萨老师，我也许不能够像现在这样平安健康地享受着生命，享受着平淡的生活。

2010 年 7 月的一天，我拿到了中国农业大学的高考录取通知书，心中终于踏实了。我不再像一个流浪的孩子，我终于找到了自己未来的归宿。可是，有一

① 谢明强，中国农业大学信息与电气工程学院计算机科学与技术专业 2010 级本科生。大学四年两次获得国家励志奖学金，一次曦之奖学金。大三时被评为“中国农业大学自强之星”“中国农业大学三好学生”，并以优异的成绩保送中国农业大学研究生。毕业时，被评为“中国农业大学优秀毕业生”“北京市普通高等学校优秀本科毕业生”。

件事却让我心里非常不安。在复习高考的那几个月里，每当吞咽时，我都感到有东西在压迫着食道。起初我没太在意，只去村卫生室拿了点消炎药，但是几天都不见消肿，惴惴不安地跑到市里医院做检查，结果如晴天霹雳——恶性肿瘤，癌症！它已经发生转移，必须马上住院接受手术！

拿着检查报告，我的脑袋一片空白，生活不应该是苦尽甘来吗？为什么在战胜了那么多磨难之后，身上突然又冒出来了一个死亡率很高的病？家里还有钱给我治疗癌症吗？爸妈将来怎么办，谁来照顾好他们呢？那一刻，我的脑海中反复地闪现出自己从出生开始就经历的第一次磨难以及那些化疗中的痛苦记忆，那个寒冷的冬天……

我出生于桂林市郊区的一个贫苦、落后的农民家庭。在出生的时候，我就被传染上了一种疾病。由于父母没有什么文化，他们无法科学地认识这种疾病，也体会不到孩子每天无精打采的感受，更无法带我去医院寻求科学的治疗方案。就这样，我的病情慢慢被耽搁，病情不断地恶化。

初中的时候，我渐渐地感觉身体状况大不如前。精神状态慢慢差了起来，大脑开始反应迟钝，学习、思考以及生活变得非常艰难了。高中时，我连走路、爬楼梯都会喘气。在高二那年冬天，病魔终于折磨我到了忍受的极点——那时候，我已经不再去考虑家里能否负担得起昂贵的医药费了，我想再不治疗的话，我也许连走路都没有精力了。期考一结束，我立刻打听到一所公立专科医院，回家问母亲拿了基本的住院费，立即休学住院，开始了漫长的化疗。

那个冬天异常寒冷。化疗的副作用很大，我每天都会呕吐，发烧，全身肌肉关节疼痛不堪。夜里，在高烧和疼痛的侵蚀下，常常难以入眠。刺骨的寒风，绵绵的冬雨，化疗的副作用，这一切相互交织在我身上，使得寒冷的冬夜变得更加漫长。然而，病情反复无常，稍微好了一点，不久又反弹了。医生前后给我用了三种药，持续了四年多，病情终于得到了控制。然而，这几年的化疗花光了家里所有积蓄，最后不得不到处借钱……

马路上传来的鸣笛声打断了我的回忆。看着手里的化验报告和住院通知单，我突然又想到了中国农业大学的录取通知书。我用力地咬了咬牙，无论未来怎样，至少还有人生最美的大学生活期待着我。想明白了这一点，我立即回家，和母亲说了病情，母亲迅速借了钱让我住院。

在病床上，看着每天两三千块钱的住院清单，回想着那几年化疗花的巨额医药费，我心中非常焦虑，国家有政策，我的学费可以通过助学贷款解决，但是每个月的生活费怎么办？面对着癌症，我不知道自己还剩下多少时间，不知道病情能否允许我顺利地读完大学，我可能连去北京的火车票都负担不起了……

可是，我心中仍然非常舍不得放弃来之不易的大学生活。我又爱不释手地拿出了中国农业大学的录取通知书以及入学文件细细研读，当看到对于负担不了路费的贫困学子，中国农业大学有相应的资助政策时，心中燃起了一丝希望。但是我又突然有些疑虑，不知道学校是不是真的能提供路费资助。心中夹杂着忐忑和犹豫，抱着试一试的心态，我拨通了学校的咨询电话，接电话的老师声音非常和蔼可亲。我试着询问老师："老师您好！目前我因癌症住院手术，昂贵的医药费使得我负担不起去北京的路费，我看到学校有相关的政策，想请问您，就我现在的情况学校能提供路费资助吗？"老师听后声音立刻变得很着急，她仔细询问了我的病情、手术日期以及家里的经济情况，然后耐心地向我介绍了学校相应的资助政策，接着她坚定有力地说："谢明强同学，请你不要担心家里的情况，一定好好治疗，无论遇到多么大的困难，学校永远是你坚强的后盾!"

老师留下了自己的联系方式，并说有紧急情况一定要及时和她联系。我最敬爱的萨老师，就这样走进了我的生命中来，重燃了一个孩子心中渐渐熄灭的希望之光，照亮了他未来的黑暗旅途。

和萨老师聊完，我心中无比温暖和激动，禁不住流下了泪水。我像一个孤军奋战、历尽磨难但是始终没人理解的孩子，终于找到了心中的慰藉。那一刻，我悬着的心终于放了下来，对未来的不安也烟消云散。

住院几天后，我顺利地接受了颈部癌细胞切除术。萨老师在之后的几天里都主动询问我的手术情况。由于我术后暂时无法开口说话，老师就通过短信和我联系。细心周到的萨老师还把我的情况反映给了我所在的学院，学院的老师也即刻联系上了我，勉励我好好治病，不用担心其他的事情。

出院后，我开始慢慢恢复，渐渐地能说话了。母亲又向亲戚东借西借给我凑齐了路费和一个月的生活费。紧接着我开始准备入学材料，办好助学贷款，心情激动地期待着即将到来的大学生活。如果有可能，想当面对萨老师说一声谢谢……

2010年9月1日凌晨，在经历了近三十小时的火车后，我终于来到了北京，来到了憧憬已久的母校！

辅导员辛苦地来车站接我，然后把我送到了宿舍，接着他在楼下小卖部给我买了夜宵，之后又从他的宿舍给我拿来了席子，为我铺好。他让我好好休息，次日找他办理入学手续。

第二天一早，我带齐了材料，辅导员带我去公主楼办理绿色通道。没想到的是，当我走进办公室，迎面而来的正是萨老师。她中等身材，脸上挂着慈母般和蔼的笑容——那个温暖的笑容让我永远也忘不了。虽然早在电话里头听过了老师的声音，但是真见到了萨老师，依然觉得非常亲切。萨老师丝毫没有让我这样一个来自贫苦农村家庭的孩子觉得局促不安，像一个母亲遇到了自己的孩子，嘘寒问暖，言谈举止之间满是关切之情。萨老师为我办好手续后，紧接着为我报销了火车票，然后拿起钥匙带着我去拿被褥。萨老师轻巧而有力地走在前头。取出被褥后，萨老师又说："有什么困难或情况和辅导员说，和我说都一样。"说完她又回办公室忙去了。

感激地同萨老师道别后，在回宿舍的路上，辅导员对我说："萨老师非常非常好，特别关心学生。她的身体不太好，她的生日快到了，你记得发个生日祝福短信给她。"到了萨老师生日的那天晚上，我来回踱步在母校的运动场上，思绪良久，给萨老师发了一条短信：

"敬爱的萨老师，祝您生日快乐！上大学之前就能遇到您，是我最大的运气与福分。您真切的鼓励，慈母般的安慰，给了我面对未知的未来最大的信心与勇气，让我能够踏实而勇敢地面对病魔，不再有后顾之忧！祝您身体健康，事事顺心！"没想到萨老师很快回了我的短信："谢谢你，太忙啦，我都忘了自己的生日，你加我QQ，以后常联系。"

在我入学后不久，学校给我提供了国家助学金和社会助学金，又从一定程度上减免了我的学费，学校还给我提供了勤工俭学岗位。在学校的政策之中，在老师们温暖的关怀之下，我的医药费和生活费最终有了着落，生活逐步走上了正轨。

由于从小没有什么条件，也没有那样的环境，我刚上大学的时候，对计算机以及网络都还很陌生，这使得我的计算机专业课有些吃力。在同学们的帮助下，我的学习也渐渐步入正轨。

在学校温暖的怀抱里，我不断地提醒自己，要珍惜在学校的日子，好好学习，不断地提高自身的修养。不管未来怎样，都要努力、充实地过好每一天。在恩师益友的关怀下，我尽情地享受着学校浓浓的人文情怀和学习氛围，徜徉在知识和友情的海洋中。

很快，我就被淹没在了学业当中，接着又忙于去医院复查、拿药，慢慢熟悉在北京看病的流程，有时候会忘了主动与萨老师联系。但是，萨老师每个月都会主动地联系我，老师一直牵挂着我的病情，关心着我的学习和生活。

然而，天有不测风云。2011 年年底，我刚进入大二，一次例行的复查让我的大学出现了一片乌云——癌细胞又长出来了，好几个肿块，肿瘤复发！

和往常一样，萨老师询问着我的复查结果。

"老师，癌细胞又长了出来，可能要住院手术。"我忐忑不安地告诉了萨老师。

"啊?"萨老师着急、关切地说，"谢明强你别着急，北京医疗水平这么发达，一定可以治好你的病的。你一定要相信，学校是你的坚强后盾!"

我鼻子一酸："谢谢萨老师！您的鼓励给了我巨大的信心和面对未来的勇气，身后有您的支持，我一定能够战胜病魔!"

之后的几天，我的心情没有像第一次发现癌症时，显得那么地焦虑和不安。因为我知道，学校是我的坚强后盾；因为我知道，有那么多的同学和老师在我身后默默地关心着我，支持着我。我不是一个人孤独地在旷野之中，而是在学校温暖的怀抱之中，无论命运的风云多么变幻，我都可以踏实而安定地应对。

当时已是期末，为了不进入缓考阶段，我坚持考完了所有科目才入院手术。好在短短的几天对病情影响不是太大。

在老师和同学们的关心和帮助下，我顺利地接受了第二次癌细胞切除术。

我出院时已临近春节，同学们已陆续回家过寒假了，老师们还在为学校的新年活动做准备。萨老师让我到她的办公室，关切地询问我的住院情况，然后给了我一个信封，说："老师最近太忙啦，没时间去看你。你住院手术、吃饭什么的也挺花钱的，这一千块钱是老师的一点心意，你一定收下，多买点营养品补补身子。"我极力地婉拒："谢谢老师，学校的资助政策已经帮了我很大的忙，我不能再要您的钱。”萨老师说：“我不放心你的情况，你看病吃药花钱比别的同学多，一定要收下。”

在我大学的最初两年，萨老师时刻真切的关怀让我明白，无论自己病成什么样子，无论我遇到了什么样的困难，在我身后始终都会有一双温暖而有力的手搀扶着我，守护着我的前行。即使我后来又病得几乎无法正常地与人沟通与交流，萨老师也会耐心地和我聊天，不抛弃，不放弃。她慈母般和蔼的笑容，她朴实而暖心的安慰，给了我巨大的力量，让我能够踏实地去面对另一个即将到来的、更加巨大的困难。

2013 年的冬天，我已经顺利地保上了学校的硕士研究生，只待顺利毕业了。然而，那段时间家里却发生了一连串的变故：年迈的、终日操劳的母亲病倒了；从小缺失父爱和母爱的、只上过几天学的父亲在卖菜时偶尔与他人发生摩擦，经常扬言要拿刀捅人，教训对方一顿，仿佛一颗埋藏在家里的不定时炸弹，不知道什么时候就会爆炸，这让远在北京的我寝食难安；只有初中文化程度的哥哥在外打工，欠了别人高额债务到处被人追债。我的病情也出现了变化：在一次常规复查中，某项指标偏高，小时候感染的病有再次复发的迹象，B 超显示颈部又有了一个肿块，疑似癌症复发。种种因素积压在一起，慢慢地导致我身上开始出现一些始终无法排解和消除的现象：整夜的失眠，每天的头痛，半夜惊醒如坠冰冷深渊；吃东西味同嚼蜡；无法集中注意力做任何事情，大脑思维开始混乱，记忆、阅读理解变得相当困难，完成一件简单的事情需要付出极大的挣扎以及巨大的努力，甚至无法正常地写程序了；每天无精打采，没有兴趣做任何事情，全身乏力以至于不得不长时间卧床；仿佛失去了对文字和语言的感受能力，失去了对生活的感受能力，失去了对美好事物的感受能力。这些现象，自我初中以来就有，只是没那么严重，靠自我调节勉强还能够克服。但是，那时候无论我去医院做了什么样的检查，都发现不了病因；无论我采取了什么样的治疗方案，无论我怎样挣扎着去锻炼身体，都没有任何效果。同时，我的抵抗力也变得很差，天气一有风吹草动，就会感冒发烧。

那几个月，每当萨老师询问我的身体状况，我都如坠云雾，不知道在自己身上到底发生了什么事情，无法真实地描述出自己的情况。

2015 年 4 月，在研一的时候，一场持续十天不见好的发烧突然“袭击”了我，而且最终发展成为严重的肺炎。在老师和同学们的关心和帮助下，我安心地在北医三院住院治疗。在病床上躺着打点滴时，偶然读到一篇文章，发现里面描述的一种病的特征和我的那些症状很像：长时间情绪的低落，对以前感兴趣的事失去兴趣，失眠，头痛，无法集中注意力做事……是抑郁症！我不敢相信自己！以前我是听说过抑郁症的，也看过一些关于它的简单介绍。但是，我从来没有把它归于疾病的范畴，而只是简单地认为抑郁症是一种心理问题，或者不成熟的表现——看的书多了，经历的事多了，懂得的道理多了，想通了就好了，也从来没有把它和自身联系起来。因此，当它真正来临时，整个人对它的反应显得有些迟钝。这篇文章让我警醒地意识到，自己得了抑郁症，并且抑郁症是一种疾病，它和癌症一样，是需要去医院治疗的。但是一想到这几年治病花了很多钱，我又有一些迟疑，如果去医院治疗抑郁症，岂不是又要花巨额的医药费？

那时候萨老师很忙，既要忙于工作、照顾家庭，又要复习准备考试。住院期间我都没能好好地和萨老师说上几句话。出院后综合考虑了多种因素，我决定先回家好好研究一下，再决定是否去医院治疗抑郁症。那时候只看了一两篇有关抑郁症的文章，对它的了解还不是很充分。虽然我认为自己得了抑郁症，但是没有经过专科医生的确诊，普通患者是不能给自己下定论的。所以，当萨老师发消息过来时，我做不了太肯定的回答，只能说肺炎已经好了，身体还非常虚弱。来不及好好地和萨老师道别，我就坐上了回家的火车。

回到家以后，我开始收集与抑郁症相关的文章和书籍，把能找到的都找到了，把能读到的都读了。最终我深刻地认识到，抑郁症尤其是重度抑郁症是无法靠个人的意志力治好的，也无法单纯地靠锻炼身体来完全治愈，必须以药物为主、多种手段为辅来进行综合治疗，而且必须得去专科医院找专业的医生足量足疗程地科学治疗，不能随便停药，否则后果不堪设想。那时候，我想到了萨老师对我说过的一句话：能用钱解决的问题，就不是问题，只要活着，钱总能挣回来的。萨老师的话坚定了我去医院治疗的信念。病魔已经严重侵蚀了我的认知能力，夺走了我的一部分智力，使我无法正常地工作、学习和生活，不管再花多少钱，只要能治好抑郁症，能提高我的生存质量，就是值得的。

2015 年 10 月，在老家的一家专科医院，我接受了一系列检查，最终被确诊为重度抑郁症，病程长达十几年。随后，用母亲辛苦卖菜攒下来的钱和自己在大学时获得的奖学金，我开始了科学治疗抑郁症的旅途。虽然又得进入另一段漫长的治疗期，又得承担高昂的医药费，我却因为困扰自己十多年的疑团终被解开，心中感到无比轻松，如释重负。虽然萨老师那时候还不知道我的抑郁症病情，但是一直牵挂着我。

2016 年春节前的一天傍晚，萨老师打电话给我，关切地询问我的身体状况。怕萨老师担心，我想等我的病有了好转，回到学校的时候，再好好和她说说我的病情。我对萨老师说："老师您放心，目前我正在对症下药，处于科学的治疗当中，身体一定能够慢慢恢复。"萨老师担心我看病花钱太多，没钱买营养东西，又转了一千块钱给我。

抑郁症的治疗难度大，药物需要很长的时间才能起效，整个治疗的周期则更长。2016 年 6 月，在药物治疗了八个多月后，在对抑郁症有了充分的了解之后，有了些许好转的我再次回到了学校。萨老师亲切地让我到她办公室，我详细地把自己的抑郁症病情说了出来。末了，萨老师停了许久，然后缓缓地说："谢明强，治好了这个病，一切都会慢慢好起来。你的青春一路走来，没什么能打倒你了。先养好身体，以后找个轻松的工作，好好活着，只要人活着都有希望的。"

时间悄无声息地走到了现在的 2018 年 6 月。过往经历了太多的事，好像有一种恍若隔世的错觉。我服用抗抑郁症的药物已经有了两年多。通过这段时间的综合治疗，我的病情慢慢好了起来，感到那些消失的生命活力渐渐回归，心绪也逐渐归于平静。萨老师经常和我联系，关心着我的近况。每年的春节，萨老师都会发来祝福。萨老师的语言还是那么朴实，那么自然，却饱含温暖。2018 年"五一"假期的时候，萨老师不太放心我的情况，想过来看看我，但是她老家那边有点事要处理，就没能来。

回想 2010 年我在病床上打的那个咨询电话，当时以为那只是一次寻常的通话，就像平时打电话给某个客服一样，也许过后再不会有任何交集。但是，那一次通话，却让我遇到了上大学以来最重要的老师。她拥有着一颗善良的心，一颗乐观的心，一颗炽热的心，一颗无私的心，温暖着一个从贫苦农村家庭来的孩子，温暖着一个历尽磨难的孩子渐渐冰冷的心，温暖了这个孩子的大学生活，温暖了他的整个人生。

回望过往的几年，如果没有萨老师的关心和帮助，我无法平安顺利地度过那段最艰难的时光，也无法安心地与病魔做斗争，更不能踏实地走在成长、成才的道路上。在我最绝望的时候，萨老师用她温暖而有力的双手把我从病魔的冰冷深渊中拉了出来。

大四上学期的时候，除了本校，同时我也保上了中山大学的研究生，当我高兴地拿着中山大学的接受函给萨老师看时，她高兴坏了，好像看到了自己的孩子羽翼渐渐丰满了，可以飞出去看看外面的世界了。但是那段时间，我心中却充满了不舍。走在学校的每一寸土地上，我的脑中不断地回想起我的大学生活，无数次和萨老师聊天的场景，萨老师的谆谆教诲，还有那么多恩师益友的无私关怀和帮助。想到每一个温暖的场景，我不禁流下了眼泪。最终，我决定留在这儿，再好好看看我最敬爱的老师，再好好陪伴我最亲爱的同学。

后来，萨老师和我说到这一件事时，通露出了她当时当着我的面有说有笑，很高兴，其实心里面非常地不舍，就像自己的孩子长大后即将分离一样。在我走出办公室后，萨老师哭了。听萨老师说完，我也哭了。那一刻我才知道，原来我们的师生情谊，早已血浓于水，永远也分不开了。

还是在我大四上学期的时候，萨老师又给了我一套被褥。她担心我原来的褥子变硬了，被子不暖了，怕我睡不好，更加对身体不好。我说不要，还是留给有需要的同学。但是萨老师非常不放心，一定让我收下。我拿着被褥回到宿舍，坐下来一会儿又忍不住流泪了。我想我只有未来加倍地努力，才能报答学校的关怀，才能报答萨老师的恩情。

又回想起 2016 年春节前萨老师给我打的那个电话。其实萨老师当时非常困难，女儿在国外读书，每年要花很多钱。但是萨老师感觉我很需要这个钱。在用自己的钱资助学生的时候，最难的其实是征得家属的同意。尽管女儿很需要钱，高老师（萨老师的爱人）也很支持萨老师帮助我。萨老师很关心我每天的饮食是否营养健康。她当时打算寄一些高老师种的小米让我每天熬粥喝，因为我担心快递到不了农村，最后没寄成。萨老师对一个贫困学子的关爱，就体现在这些点点滴滴、大大小小的事情之中。

现实中的生活对每个人来说都是不容易的。实际上，在过去的几年之中，对于萨老师来说，生活也不是一帆风顺。

在我大二的时候，萨老师的父亲因重病住院了很长一段时间。那段时间，萨老师显得很憔悴，既要忙于家庭，忙于工作，又得去医院照顾父亲。尽管经过了积极治疗和悉心照料，遗憾的是，病魔最终还是将老人带走了。

在我大三、大四的时候，萨老师的健康状况十分不稳定，身体非常虚弱，有好几次都晕倒了。有一次，我去办公室看到萨老师吃很多药，中药、西药都有。我急切地问萨老师身体怎么了，她只是轻描淡写地说没什么，只是身体有点不舒服。那个时候，萨老师女儿申请的学校迟迟没有结果，作为母亲，萨老师心里肯定很着急，而老家那边不稳定的情况也对萨老师的健康造成了一定的影响。

在聊到这些经历的时候，萨老师总是微笑挂在脸上，就像我第一次见到老师一样，那个微笑从未变过。

萨老师的工作总是那么忙碌。每天中午的时候，要么在和学生开会，要么在和学生谈心，或者带着学生去做公益活动。晚上的时候，也经常加班、加点。有好几次去找萨老师聊天，她都说昨晚加班到了凌晨，在办公室的沙发上睡的，早上很早起来又开始工作。最忙的时候，周末也过来学校加班。每天都有做不完的工作，不断反复地有新的工作任务过来。但是，老师从来没有埋怨过，也没有抱怨过，也从来不觉得工作很累很辛苦。萨老师说她很喜欢这份工作，很喜欢每天和学生接触，很爱着自己的学生，感觉学生就像自己最亲的人一样。老师还说，每当看到自己的学生有了进步，收获了成长，心里就特别开心，所有的辛苦和汗水都是值得的。

我曾经以为，可能是由于我的情况比较严重，萨老师就格外地关照我。实际上并不是这样，萨老师真诚地关爱着遇到的每一位学生。2017 年春节前夕，我在南宁遇见了一位人文与发展学院的师兄。聊天中，师兄谈到了萨老师，他说萨老师在他最困难的时候给了他无私的帮助和巨大的鼓励，在他心里，萨老师就像一位母亲一样，一直关心着他，帮助着他。我又想起了在母校时经常可以遇到的情景：每当萨老师有空的时候，她的办公室总坐着学生，老师就像一位慈母一样和他们聊天。那些孩子应该也像我一样，一直受到萨老师的温暖关怀。有许多受到萨老师关怀的孩子，都亲切地称她为“萨妈妈”。

抗击抑郁症的这段岁月是我生命的第二次开始。在这段日子里，在每个清风明月的夜里，我总会想起萨老师的微笑，想起萨老师至真至切的关怀。这几年，我的病情一波三折，同时我看到萨老师也经历了许多的起起伏伏。我渐渐明白，真实的人生，并不是经历了几次磨难，以后就永远风平浪静。真正的生活，并不总是苦尽甘来。我不禁想起老师说过的话："人生是一场马拉松，平平淡淡，细水长流，只要好好活着，总会有希望的，结果也总会比想象中的要好很多。"

并非每个孩子都拥有幸福的、稳定的、充满爱和关怀的家庭，也并非每个孩子的成长道路都平平坦坦、风和日丽。"幸福的家庭都是相似的，不幸的家庭各有各的不幸"。我知道每一年都会有很多像我一样历尽艰辛万苦才来到母校的孩子，我的故事也只是万千农大学子中很平凡的一个。与母校大多数辛勤工作、默默无闻的老师一样，也许萨老师只是一名非常普通的老师，大多数老师每天的工作也许和萨老师的一样琐碎、繁重。但是正是由于每个像萨老师这样普普通通的老师，用他们那颗真诚的心，无私的心，炽热的心，才给了每个正在经历苦难的农大学子一个温暖的家，给了每个孩子一个有着浓浓人文情怀的成长和成才的环境，让他们懂得了善良与爱，让他们怀揣着一颗感恩的心，无惧风雨地迎接未来的挑战。

他们是最可爱的老师——在你成功的时候，真心地为你喝彩；在你遇到困难的时候，不抛弃，不放弃，真诚地给你帮助，耐心地给你鼓励。他们只希望，在校的时候，你能无后顾之忧、安心踏实地学习，能健康快乐地成长；他们只希望，在离开学校的时候，你是一个学有所成的合格人才，在社会中能够踏踏实实地努力工作，给自己和家人带来生活的改善，过上幸福的生活，即使日子过得平平淡淡，他们也为你高兴。

在这些最可敬的老师的背后，党的关怀就像一位慈祥睿智的长者，高瞻远瞩，大爱无言，充满温情，为那每一份难舍难分的、血浓于水的师生情谊谱写出一首首最动人的旋律。

爱　从九平方米的房间开始蔓延

——记我的老师刘亚楠

韩天圣[①]

在北京清华东路17号，国际学院115办公室，这间每天进进出出有几十人次却仅仅能容下几人的狭小房间里，孕育着的不仅仅是国际学院最优秀的学生们，更是关于青春、关于梦想、关于诗和远方。这个房间的“主人”之一——一位身材娇小，交谈和举止中又总能透露出饱满的情感与激情的年轻女性。她是“会玩”、能量满格，深受同学们喜爱的刘老师；她是爱笑充满阳光，被无数学生们圈粉的“亚楠姐”；她更是从不缺席、永远在线，深受学生干部们信任的“老大”。对于我，我与亚楠姐的故事从在那间九平方米的房间相遇过后就从未再出现过“暂停键”。如果说过去的一年像是一杯热烈而深沉的酒，那么亚楠姐则是那透过酒杯闪烁出五彩斑斓的那束光。

都说高考的迷人之处不在于如愿以偿，而在于阴差阳错。而对于我们这些懵懂而张扬的“95后”学生干部来说，阴差阳错在工作中带来的往往不是技惊四座的故事而是不堪入目的事故。一次次，活动前毫无章法的策划案；一次次，活动中永远找不全的工作人员；一次次，活动后仓皇狼狈的收场。每当这样的时候，亚楠老师总是能用她那55℃的青春热情和工作中的“第二十五个小时”为我们的学生活动保驾护航。无论是多么紧急的突发情况，她用实际行动告诉着我

---

① 韩天圣，中国农业大学国际学院传播学专业2016级本科生。曾任国际学院学生会外联部干事、国际学院学生会主席、朱房活力社区志愿者、蓝色“1+1”志愿服务总队负责人。

们“稳住，我们能赢”；无论是多么无聊的文书工作，她都用实践诠释着“胆大心细”；无论是再琐碎的活动任务，她总是秉持着燕子垒窝的决心和水滴石穿的耐心。

这一年，于我，115 办公室里上演着各式的酸甜苦辣，有刚刚当选主席成功后难以言表的喜悦，有策划案被全盘打回时的失落与沮丧，有声势浩大的盛会过后归于平静的知足与感动。然而，没有人真的清楚，这间办公室背后究竟发生过多少故事。只记得在这间办公室里，一次次语重心长的促膝长谈，一次次细致入微的总结反思，一次次诗与远方的尽情畅想。这些他人常常不理解的学生干部们的偏执与热情，亚楠姐都懂。她懂得用语言的力量鼓舞着每位斗志昂扬的学生干部；她懂得用理性的思考优化提升每次活动的品牌形象；她懂得用感性的热情烘托渲染出最美好的活动蓝图。因为亚楠姐心中有着深沉热烈的当下，也有踌躇满志的远方。而这背后更是她“用青春铺路，让理想延伸”的美好愿景。

记得最漆黑的夜里，最寒冷的凛冬，尽管一次次被保安催场，会议室里的我们总是热血澎湃地期待着未来，为了新年晚会，每周两次固定的深夜头脑风暴，从起初的白纸空空，到晚会名字的酝酿，引导组、道具组、场控组等的设立，再到一个个脑中闪过的念头浮现在宣传海报上……亚楠姐从来没有缺席过，从未掉过线。那些我们想过的梦，都在亚楠姐的笔尖上逐步印刻出了美妙的轮廓。

带着青春热血欲挑战并贯彻我们二十一届学生会“To make your own color”初衷的我们，只顾奋勇向前，开拓创新，继往开来，而亚楠姐则正是我们的风帆，为了完成我们的梦想，不辞辛劳，为我们保驾护航。在指引我，指导我们每次创新的路上，一直都是我们最坚强的护盾和支持。正如今年，ICB 首次草地音乐节的成功举办便是尽显了亚楠姐在为完成我们学生会梦想上的竭尽全力。这次音乐节不仅是学院的首次音乐节，更是全校各学院的先例。不说后无来者，但绝对是前无古人。迷茫在我们的心血来潮后，笼罩着整个学生会。租借校内场地的不便，学院领导的忧虑与质疑，更是顶着没有经验的巨大压力，我们的那些心血来潮的激情逐渐在被无情浇熄，将这一切看在眼中的亚楠姐，只是冷静沉着地问了一句：“这是你们内心最初梦想的，对学校和咱院学生的爱吗？只要是，那么我必会支持你们。”只此简单一句，令我几乎如雷贯耳。无疑，那一刻的我瞬间明白：应当无视那些质疑，无视那些艰辛，只要是梦，年轻的热血还在，亚楠姐定会用那永不熄灭的55℃的热情，哺育出我们最灿烂的青春回忆。从那天开始，我们不论加班熬夜到几时，学院的会议室一直灯火通明，照亮的，不仅仅是那十几平方米的房间，照亮的更是那永远年轻、永远热泪盈眶的我们学院的未来。

一遍一遍地策划案修正，一处又一处的外联赞助公司，当然，接收的尽是一次又一次的全盘否决，一次又一次的面壁。但是我、我们学生会主席团和亚楠姐，从未退缩。因为每一次被“冷水”浇透的我们，总是会得到亚楠姐那最灿烂笑容的温暖。从未厌烦，只有鼓舞。看着纵使被无数次冷眼和责备打击，却依然回头给予我们温馨的亚楠姐，我咬紧了牙关，因为我知道我应该成长了，应该顶起学生会的这边天，成为一位有作为令亚楠姐骄傲的，二十一届国际学院学生会主席。又是无数个二十四小时的轮回，没日没夜的准备、联系、沟通。跑遍了整个学校的我，打遍了所有相关公司电话的我，终于，在留给我们准备的最后期限之前，完成了所有人的期待，也得到了学院的认可。还记得在草地音乐节的那天，看着一位位国际学院学子脸上的那份因身在国际学院的自豪，看着灯光下在全校面前尽展风采的国际学院学子的身影，也看着舞台旁亚楠姐脸上流露出的那一丝欣慰的笑容，那时，我深感荣幸能忝任学生会主席，得到大家的信任与支持，得到用爱感染学生——我们亚楠姐的教诲。

今天，带着这些最美的回忆，带着这激动不已的双手，我写下了这些发自肺腑的文字，倾诉出这份对学生工作的致敬，也希望能说出对亚楠姐最大的致谢。古语曰：“一日为师，终身为父。”何况我已遇恩师，更是幸中之极，令我终生难忘。“亚欧莺飞白云悠，楠林花绽清香留”，亚楠姐在那间九平方米的办公室里，随着日出，随着人流进出学院之时，编织着蔓延出的爱的藤枝，为学子遮出烈阳下的荫蔽，也拥抱着每一位学子的至纯的心灵，留下桃李天下的美誉，清香十里。而我，只是在此，写下这份感恩，写下诉说这份温暖，怀念这些难忘的日子，更是致敬我最尊敬的恩师——刘亚楠。

师恩如山

——记我的老师杜鹃

张文梦[①]

山是砂石累积而成，水是点滴汇聚而成。我认为所谓师恩如山，也是生活中的点滴的体现，不必轰轰烈烈，但会似春风般撩拨，似春雨般滋润，让同学们的心中都能沁入她的爱意。

——题记

凌晨5：00的闹钟刚刚响起，她便起身将它关掉，洗漱完毕后出门，等待着去往东区的校车。入秋的清晨，有着干冷的寒意，她倒也不觉得，翻看着手机，试图全部记下刚认识几日的一百多位同学。

校车上，她盘算着今天该找哪几位同学谈话了，将谈话时间穿插在她本该休息的时间。

路途不算太过遥远，她没多久便到了。走到操场上。新生的军训刚要开始，她看了看，人数是齐的，只是几个同学在队列有些淘气。她感到欣慰，这算是她做辅导员后的一个小成就，她坐在旁边看着新生训练，与同学们在一起。

倘若有较长的休息时间，她会找到准备谈话的同学。

“你的大学规划是什么？”

“我的规划是……”

---

① 张文梦，中国农业大学资源与环境学院2017级本科生，担任院学生会生活部副部长。

在谈话中，她为许多同学解决了刚入学时的疑惑与烦恼，也为许多同学指明了方向。

但是，一次次的谈话之后，她的喉咙有些肿痛，声音变得沙哑。可她还要跟下一位同学谈话。她知道这对于新生很重要，她想要尽快地认识新来的每一位同学，知道他们的目标，为他们指引前行。

军训期间无论同学发生什么事，她都是最先知道的。自然，她成了新生们的代理父母。

“杜老师，你们班的一位同学活动时受伤了，您赶紧过来一下！”

收起手机，她马上赶过去。

受伤的同学坐在地上，伤口在额头，歉意地看着鹃姐。

她扶起受伤的同学：“没事儿，走，咱们去北医三院吧。”一路上她同受伤的同学聊天分散他的注意力。同时，也与受伤同学的父母取得联系，安稳他们的情绪。

一天的军训，她要不断面对突发情况，还要抽时间找同学谈话，已经十分疲惫了。可晚上，她还要回到西区继续做手头的工作……

工作完成后，她看了眼手机——凌晨 1：37，长出一口气，白天不见的愁容在这时出现了，她很累，想睡一个大觉，可她想起那些新生又觉得温暖欣慰。她打开手机定好凌晨 4：50 的闹钟，酣然入睡，梦里是学生的笑颜……

军训期间，她像学姐一样为新生指引道路，也像父母一般照顾着同学。

军训之后，她来东区不那么频繁了，省去了每天的奔波。

“杜老师，这件事得麻烦你去东区办一下。”

“好的。”

她从来不对去东区办事而恼火，甚至觉得很希望这样——这样她可以顺路看看自己的学生了。

“我要去东区了，你们有什么让我带的吗？”

“鹃姐我要枣糕！谢谢鹃姐！”

她走出自己的办公室去买枣糕。

“您好，我要五斤枣糕。”

卖枣糕的阿姨看着娇小的她，犹豫了一下，还是给了她。

算上赠送的，一共有七斤半的枣糕，在袋子里，似乎比她的体积还要大。

她双手拎过来，坐上校车。车上弥漫了枣糕的味道，她系紧了塑料袋，将枣糕放在腿上。刚出炉的枣糕还很温热，热得她腿上泛红。她全然不顾，只盯着窗外，想着去东区的场景。枣糕的香气似乎是幸福的味道……

到了东区，她叫要枣糕的同学过来。

看着他们的喜悦，听着不绝的“谢谢鹃姐”，她很满足。一路的艰辛，也不必提及，已然在这欢快中被忘却了。

她很乐于分享，拿到好东西会马上分给她的学生们。

有一次，许多同学抢“五月的鲜花”的门票未果，都小有失望。

她几经辗转，终于争取到了几张票，她十分激动。但马上就在群里告诉了同学们。

将票分配好后，她仿佛更加欣喜，似乎已经习惯了分享的快乐。对于她来说，将好东西分给她的学生，比自己享用还要兴奋。

她总是为学生们着想，为学生争取利益，并以此为乐。

她总是那么体贴，温柔。可如果我们受到不公时，她就会展现出她坚强果敢的一面，她站出来为我们撑腰。

有一次，她去开例会。她看着下面的同学说了这么一句话：“我会护着你们的。”

说出这句话时，下面的同学觉得有些想笑，其实连她自己也这么觉得。一个不到 1.60 米的竟想要保护这群高她许多的学生。可她知道，这确确实实是她的想法，她也的确会这么干。

于是她，清了清嗓子，手扶桌子重新说了一遍：“只要不是你们的错，我会护着你们的。”

同学们也觉出她的不一样，那种异常坚定的眼神与态度，异于平常。他们收起来之前想要笑出来的声音，坐直了身体，以眼神回应她——我们相信您。

她似乎读懂了，带着欣慰，微笑着点了点头。

虽然没有任何掌声，但心里的波澜比任何时候都要激荡。学生们从心底认定了这位老师——杜鹃老师。

她很认真，似乎每时每刻都在为学生工作。

她曾经参加了教师羽毛球比赛，连续五场比赛下来，她已气喘吁吁，坐在下边喝水休息一下。

她看见另一位辅导员从对面走过，她马上放下水杯，跑了过去。

她是看见熟人了吗？

“唉，你……你等一下……”

跑了几步，她喘得更厉害了。

“嗯？有什么事吗？”那人停下来了。

她喘着粗气，手扶着膝盖像是把话挤出来。

“你们院……转到资环的……学生……他们的……情况，能跟我说一下吗？”

这位老师就是资环学院 2017 级辅导员杜鹃老师，师恩如山，可鹃姐带来的师恩，虽然不那么轰轰烈烈，却润物无声，滋润着每一位学生的心田。她做到了把学生的每件小事，都当成自己的大事。而且鹃姐仅仅是众多辅导员中的一位代表，但我渴望让更多的人知道这些默默奉献的老师们，她（他）们的师恩如山。